해법 기초계산 C5

1 4주 완성의 계획적인 수학 학습!

2 시간 내 푸는 연습을 통한 실전 감각 향상!

3 다양한 구성의 문제로 사고력 향상!

계산력이 왜 중요한가?

선생님! 계산력이 왜 중요한가요?

수학 만점으로 가는 길은 계산력에서 시작한단다. 왜 중요한지 수학의 아버지 피타고라스 선생님에게 물어볼까?

계산력은 수학의 뿌리!
계산력 없이 수학은 생각할 수 없지.
수학은 계통성의 학문이라고 해.
역연산으로 인해 덧셈이 뺄셈의 기초가 되고,
곱셈이 확립되어야
나눗셈이 가능해지기 때문이지.
따라서 수학의 근간인 기초 계산력을
완벽하게 다져 주는 것이야말로
수학 만점으로 가는 첫걸음이지.

구성과 특징

개념 만화

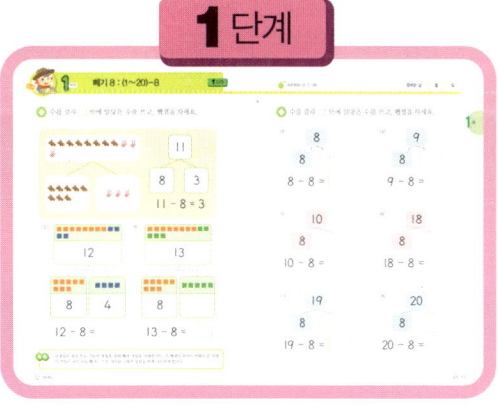

만화를 통한 원리 깨치기

만화를 통한 계산 원리와 개념을
이해할 수 있습니다.

1단계

집중 연습으로 계산력 다지기

집중 연습 문제로 기초 계산력을
완벽하게 다질 수 있습니다.

2단계

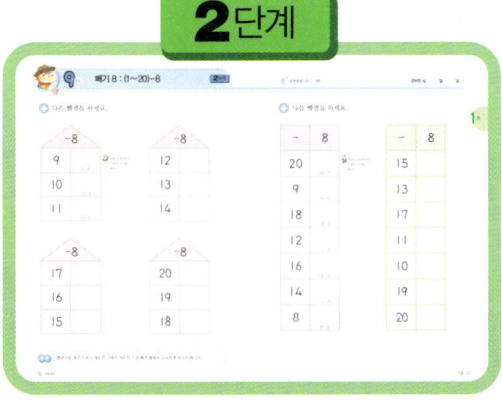

퍼즐형 문제로 정확성 기르기

흥미로운 퍼즐형 문제로 이루어져
집중력과 정확성까지 기를 수 있습니다.

3단계

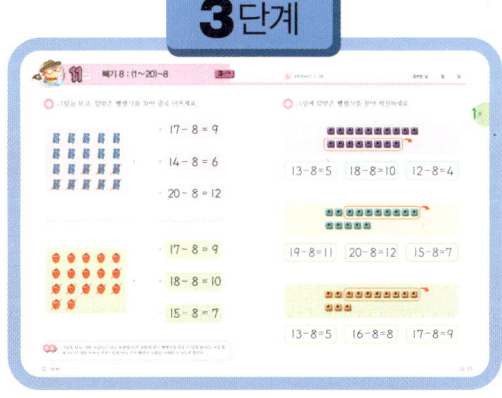

다양한 문제로 사고력 키우기

다양한 문제를 통해 수학적 사고력과
문제 해결력을 높일 수 있습니다.

내용 구성표

권	주	A단계 (5~7세)	B단계 (5~7세)	C단계 (5~7세)
1권	1	일대일 대응, 많다 · 적다	더하기 3 : (1~7)+3	빼기 5 : (1~20)-5
	2	1~5 수 익히기	더하기 3 : (1~17)+3	빼기 6 : (1~20)-6
	3	1~5 수 익히기	더하기 3 : (1~27)+3	빼기 4, 5, 6의 종합
	4	0, 6~10 수 익히기	더하기 1, 2, 3의 종합	더하기 · 빼기의 종합 ①
2권	1	0, 6~10 수 익히기	빼기 1 : (1~10)-1	더하기 · 빼기의 종합 ②
	2	1~10 종합	빼기 1 : (1~20)-1	더하기 7 : (1~9)+7
	3	수 가르기와 수 모으기(1, 2, 3, 4, 5)	빼기 2 : (1~10)-2	더하기 7 : (1~19)+7
	4	수 가르기와 수 모으기(6, 7, 8, 9, 10)	빼기 2 : (1~20)-2	더하기 7 : (1~23)+7
3권	1	11~20 수 익히기	빼기 3 : (1~10)-3	더하기 8 : (1~9)+8
	2	11~20 수 익히기	빼기 3 : (1~20)-3	더하기 8 : (1~22)+8
	3	1~20 종합	빼기 1, 2, 3의 종합	더하기 9 : (1~9)+9
	4	21~30 수 익히기	더하기 · 빼기의 관계 ①	더하기 9 : (1~21)+9
4권	1	31~40 수 익히기	더하기 · 빼기의 관계 ②	더하기 10 : (1~20)+10
	2	41~50 수 익히기	더하기 4 : (1~6)+4	더하기 7, 8, 9, 10의 종합
	3	1~50 종합	더하기 4 : (1~16)+4	더하기 1~10의 종합
	4	51~70 수 익히기	더하기 4 : (1~26)+4	빼기 7 : (1~20)-7
5권	1	71~100 수 익히기	더하기 5 : (1~9)+5	빼기 8 : (1~20)-8
	2	1~100 종합	더하기 5 : (1~15)+5	빼기 9 : (1~20)-9
	3	더하기 1 : (1~9)+1	더하기 5 : (1~25)+5	빼기 10 : (1~20)-10
	4	더하기 1 : (1~19)+1	더하기 6 : (1~9)+6	빼기 7, 8, 9, 10의 종합
6권	1	더하기 1 : (1~29)+1	더하기 6 : (1~14)+6	빼기 1~10의 종합
	2	더하기 2 : (1~8)+2	더하기 6 : (1~24)+6	더하기 · 빼기의 종합 ③
	3	더하기 2 : (1~18)+2	더하기 4, 5, 6의 종합	더하기 · 빼기의 종합 ④
	4	더하기 2 : (1~28)+2	빼기 4 : (1~20)-4	재미있는 더하기 · 빼기의 규칙

권	주	D단계 (초1)	E단계 (초2)	F단계 (초3)	G단계 (초4)
1권	1	더하기 1, 2, 3	받아올림이 있는 (두 자리 수)+(한 자리 수)	(세 자리 수)+(세 자리 수) ①	100, 1000, 10000, 몇백, 몇천 곱하기
	2	합이 5까지인 덧셈	받아내림이 있는 (두 자리 수)-(한 자리 수)	(세 자리 수)+(세 자리 수) ②	(세 자리 수)×(두 자리 수)
	3	합이 9까지인 덧셈	세 수의 덧셈	(세 자리 수)-(세 자리 수) ①	(네 자리 수)×(두 자리 수)
	4	받아올림이 없는 (한 자리 수)+(한 자리 수)	세 수의 뺄셈	(세 자리 수)-(세 자리 수) ②	(세 자리 수)×(세 자리 수)
2권	1	빼기 1, 2, 3	일의 자리에서 받아올림이 있는 (두 자리 수)+(두 자리 수)	2, 3, 4, 5의 단 곱셈구구를 이용한 나눗셈	(세 자리 수)÷(한 자리 수)
	2	5까지의 뺄셈	십의 자리에서 받아올림이 있는 (두 자리 수)+(두 자리 수)	6, 7, 8, 9의 단 곱셈구구를 이용한 나눗셈	(두·세 자리 수)÷(몇십)
	3	9까지의 뺄셈	일, 십의 자리에서 받아올림이 있는 (두 자리 수)+(두 자리 수)	곱셈구구를 이용한 나눗셈 ①	(두·세 자리 수)÷(두 자리 수)
	4	(한 자리 수)-(한 자리 수)	받아올림이 있는 (두 자리 수)+(두 자리 수)	곱셈구구를 이용한 나눗셈 ②	(세·네 자리 수)÷(두 자리 수)
3권	1	10이 되는 더하기	받아내림이 있는 (두 자리 수)-(두 자리 수) ①	(두 자리 수)×(한 자리 수) ①	덧셈과 뺄셈의 혼합 계산
	2	10에서 빼기	받아내림이 있는 (두 자리 수)-(두 자리 수) ②	(두 자리 수)×(한 자리 수) ②	곱셈과 나눗셈의 혼합 계산
	3	세 수의 계산 ①	세 수의 계산 ①	(두 자리 수)×(한 자리 수) ③	혼합 계산 1
	4	세 수의 계산 ②	세 수의 계산 ②	(두 자리 수)×(한 자리 수) ④	혼합 계산 2
4권	1	받아올림이 없는 (두 자리 수)+(한 자리 수)	2, 3, 4, 5의 단 곱셈구구	(네 자리 수)+(세 자리 수)	분수의 이해 1
	2	받아올림이 없는 (두 자리 수)+(두 자리 수)	6, 7, 8, 9의 단 곱셈구구	(네 자리 수)+(네 자리 수)	분수의 이해 2
	3	받아내림이 없는 (두 자리 수)-(한 자리 수)	곱셈구구 ①	(네 자리 수)-(세 자리 수)	분수의 이해 3
	4	받아내림이 없는 (두 자리 수)-(두 자리 수)	곱셈구구 ②	(네 자리 수)-(네 자리 수)	분수의 덧셈
5권	1	두 수의 합이 10이 되는 세 수의 덧셈	받아올림이 없는 (세 자리 수)+(세 자리 수)	(세 자리 수)×(한 자리 수)	분수의 덧셈
	2	(한 자리 수)+(한 자리 수) ①	일의 자리에서 받아올림이 있는 (세 자리 수)+(세 자리 수)	(한 자리 수)×(두 자리 수)	분수의 뺄셈 1
	3	(한 자리 수)+(한 자리 수) ②	십의 자리에서 받아올림이 있는 (세 자리 수)+(세 자리 수)	(두 자리 수)×(두 자리 수) ①	분수의 뺄셈 2
	4	(한 자리 수)+(한 자리 수)의 종합	일, 십의 자리에서 받아올림이 있는 (세 자리 수)+(세 자리 수)	(두 자리 수)×(두 자리 수) ②	세 분수의 덧셈과 뺄셈
6권	1	(십 몇)-(한 자리 수) ①	받아내림이 없는 (세 자리 수)-(세 자리 수)	(두 자리 수)÷(한 자리 수) ①	소수 한 자리 수의 덧셈
	2	(십 몇)-(한 자리 수) ②	십의 자리에서 받아내림이 있는 (세 자리 수)-(세 자리 수)	(두 자리 수)÷(한 자리 수) ②	소수 두·세 자리 수의 덧셈
	3	세 수의 덧셈	백의 자리에서 받아내림이 있는 (세 자리 수)-(세 자리 수)	(두 자리 수)÷(한 자리 수) ③	소수 한 자리 수의 뺄셈
	4	세 수의 뺄셈	십, 백의 자리에서 받아내림이 있는 (세 자리 수)-(세 자리 수)	(두 자리 수)÷(한 자리 수) ④	소수 두·세 자리 수의 뺄셈

# Q & A 활용 가이드

Q

아이 수준을 몰라서
어느 단계의 교재를
선택하면 될지 모르겠어요.

A

한 페이지에서
틀린 문제가 6문제 이상이면
이전 단계의
교재부터 시작하세요.

Q

계산 실수를 자주 해요.

A

정해진 시간 안에 푸는
연습으로 실전 감각을
키우세요.

Q

시험 시간이 부족해요.

A

매일매일 공부하는
습관으로
정확성을 키우세요.

Q

공부 계획을
스스로 세우기 힘들어요.

A

스케줄표를 이용해
계획을 세워
2주, 4주 완성에 도전하세요.

4주 완성 스케줄표

활용 방법 매일 2장(2차시)씩 풀면 24일 만에 완성할 수 있습니다.

1주	1일	2일	3일	4일	5일	6일
확인	12~15쪽	16~19쪽	20~23쪽	24~27쪽	28~31쪽	32~35쪽

2주	7일	8일	9일	10일	11일	12일
확인	40~43쪽	44~47쪽	48~51쪽	52~55쪽	56~59쪽	60~63쪽

3주	13일	14일	15일	16일	17일	18일
확인	68~71쪽	72~75쪽	76~79쪽	80~83쪽	84~87쪽	88~91쪽

4주	19일	20일	21일	22일	23일	24일
확인	96~99쪽	100~103쪽	104~107쪽	108~111쪽	112~115쪽	116~119쪽

※ 매일 4장(4차시)씩 풀면 12일 만에 완성할 수 있습니다.

 **주** **빼기 8 : (1~20)−8**

학습 체크표

매일 학습이 끝나면 채점을 하고 체크표를 작성하여 나의 실력을 알아보세요.

차시	단계	공부한 날	잘 했나요?
1차시	1단계	월 일	😊 🙂 😑 😣
2차시		월 일	😊 🙂 😑 😣
3차시		월 일	😊 🙂 😑 😣
4차시		월 일	😊 🙂 😑 😣
5차시		월 일	😊 🙂 😑 😣
6차시		월 일	😊 🙂 😑 😣
7차시		월 일	😊 🙂 😑 😣
8차시		월 일	😊 🙂 😑 😣
9차시	2단계	월 일	😊 🙂 😑 😣
10차시		월 일	😊 🙂 😑 😣
11차시	3단계	월 일	😊 🙂 😑 😣
12차시		월 일	😊 🙂 😑 😣

틀린 개수가

0~1 개이면 😊 (아주 잘함)에, 2~3 개이면 🙂 (잘함)에,

4~5 개이면 😑 (보통)에, 6개 이상이면 😣 (노력 바람)에 색칠해 주세요.

만화로 개념 알아보기

1주

학습목표 빼어지는 수 또는 빼는 수를 가르기 등 여러 가지 방법을 통해 빼기 8의 계산을 능숙하게 할 수 있습니다.

오늘은 빼기 공부를 하자.

자신 있어요!

9에서 8을 빼면 얼마인고?

9-8=1이니까 정답은 1이죠!

그럼 17에서 8을 빼면?

17-8=9이니까~ 9입니다.

➕ 수를 갈라 ☐ 안에 알맞은 수를 쓰고, 뺄셈을 하세요.

$$11 - 8 = 3$$

(1)

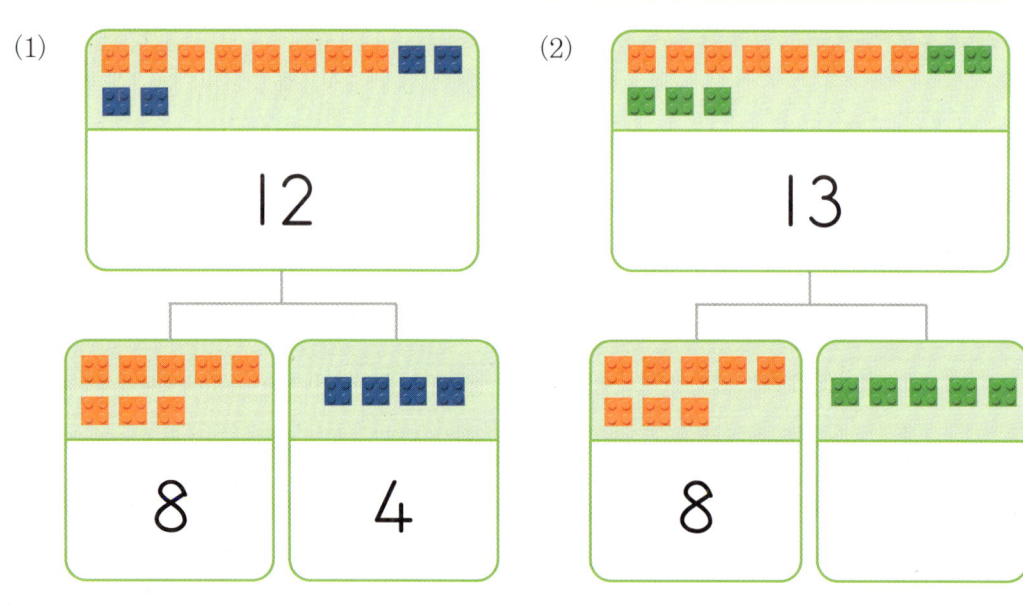

12 − 8 = ☐

(2)

13 − 8 = ☐

x

✚ 수를 갈라 ☐ 안에 알맞은 수를 쓰고, 뺄셈을 하세요.

(3)

8

8　0

$8 - 8 = 0$

(4)

9

8　☐

$9 - 8 = \boxed{}$

(5)

10

8　☐

$10 - 8 = \boxed{}$

(6)

18

8　☐

$18 - 8 = \boxed{}$

(7)

19

8　☐

$19 - 8 = \boxed{}$

(8)

20

8　☐

$20 - 8 = \boxed{}$

✚ 다음 뺄셈을 하세요.

(1) 　9　　–　　8　　=　　[　　]
　　구　　빼기　　팔　　은

(2) 　10　　–　　8　　=　　[　　]
　　십　　빼기　　팔　　은

(3) 　11　　–　　8　　=　　[　　]
　　십일　　빼기　　팔　　은

(4) 　12　　–　　8　　=　　[　　]
　　십이　　빼기　　팔　　은

(5) 　13　　–　　8　　=　　[　　]
　　십삼　　빼기　　팔　　은

 다음 뺄셈을 하세요.

(6) $20 - 8 =$ ☐

(7) $19 - 8 =$ ☐

(8) $18 - 8 =$ ☐

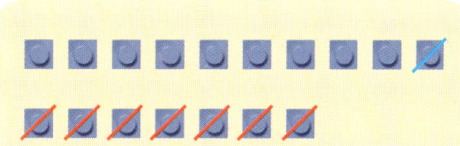

(9) $17 - 8 =$ ☐

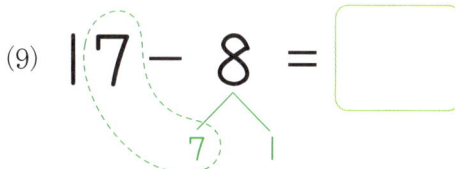
7   1

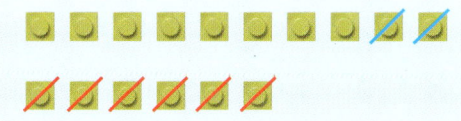

(10) $16 - 8 =$ ☐

6   2

(11) $15 - 8 =$ ☐

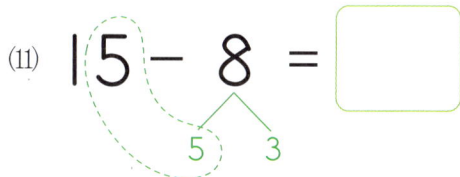
5   3

 전체의 개수 중 몇을 지워서 (빼는 수) 몇 개가 남았는지 알아보면서 뺄셈의 기초를 다집니다.

다음 뺄셈을 하세요.

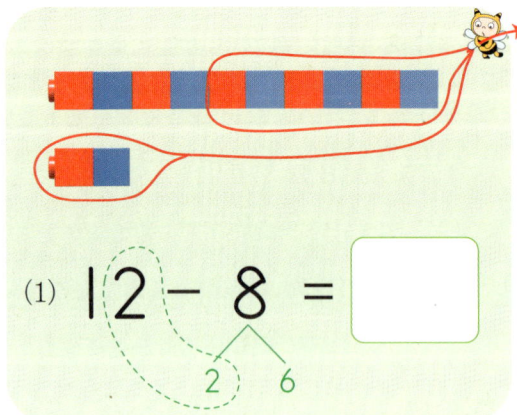

(1) 12 − 8 = ☐
　　　　2　6

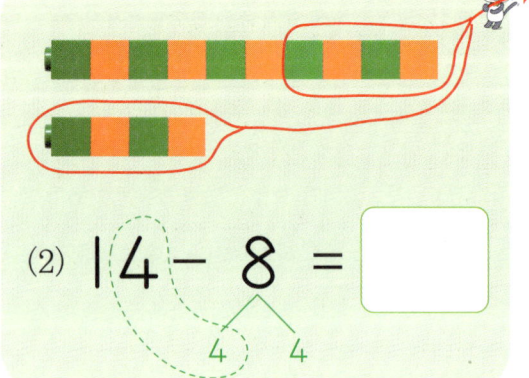

(2) 14 − 8 = ☐
　　　　4　4

(3) 11 − 8 = ☐
　　　1　7

(4) 20 − 8 = ☐

(5) 13 − 8 = ☐
　　　3　5

(6) 16 − 8 = ☐
　　　6　2

(7) 18 − 8 = ☐

(8) 15 − 8 = ☐
　　　5　3

(9) 19 − 8 = ☐

(10) 17 − 8 = ☐
　　　7　1

(11) 14 − 8 = ☐

(12) 13 − 8 = ☐

꼭꼭 　받아내림이 없는 빼기는 일의 자리 숫자끼리 빼어 일의 자리에 쓰고 십의 자리 숫자는 그대로 십의 자리에 쓰게 합니다.

다음 뺄셈을 하세요.

(13) $12 - 8 =$ ☐
　　　　　∧
　　　　2　6

(14) $20 - 8 =$ ☐

(15) $8 - 8 =$ ☐

(16) $13 - 8 =$ ☐
　　　　　∧
　　　　3　5

(17) $18 - 8 =$ ☐

(18) $16 - 8 =$ ☐
　　　　　∧
　　　　6　2

(19) $19 - 8 =$ ☐

(20) $14 - 8 =$ ☐
　　　　　∧
　　　　4　4

(21) $17 - 8 =$ ☐
　　　　∧
　　　7　1

(22) $15 - 8 =$ ☐
　　　　　∧
　　　　5　3

(23) $11 - 8 =$ ☐
　　　　∧
　　　1　7

(24) $13 - 8 =$ ☐

(25) $10 - 8 =$ ☐

(26) $9 - 8 =$ ☐

(27) $20 - 8 =$ ☐

(28) $19 - 8 =$ ☐

다음 뺄셈을 하세요.

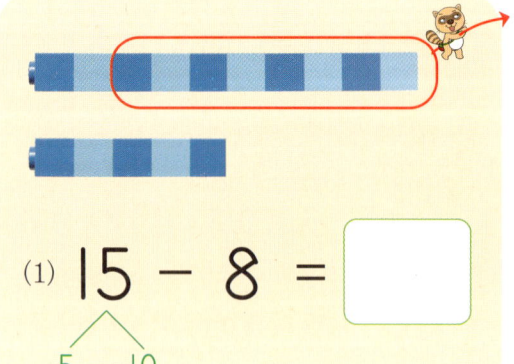

(1) $15 - 8 = \boxed{}$
5　10

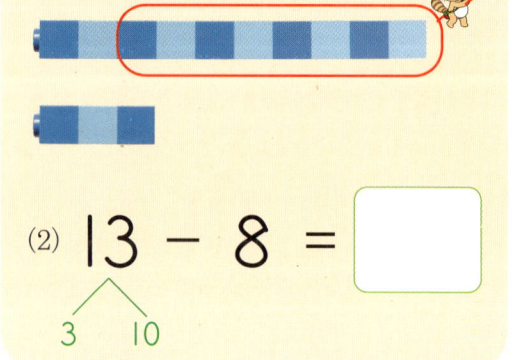

(2) $13 - 8 = \boxed{}$
3　10

(3) $19 - 8 = \boxed{}$
9　10

(4) $16 - 8 = \boxed{}$
6　10

(5) $11 - 8 = \boxed{}$
1　10

(6) $14 - 8 = \boxed{}$
4　10

(7) $9 - 8 = \boxed{}$

(8) $10 - 8 = \boxed{}$

(9) $12 - 8 = \boxed{}$
2　10

(10) $17 - 8 = \boxed{}$
7　10

(11) $8 - 8 = \boxed{}$

(12) $20 - 8 = \boxed{}$

 꼭꼭 　(십 몇)은 몇과 (10)으로 가를 수 있습니다.

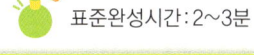

✿ 다음 뺄셈을 하세요.

1주

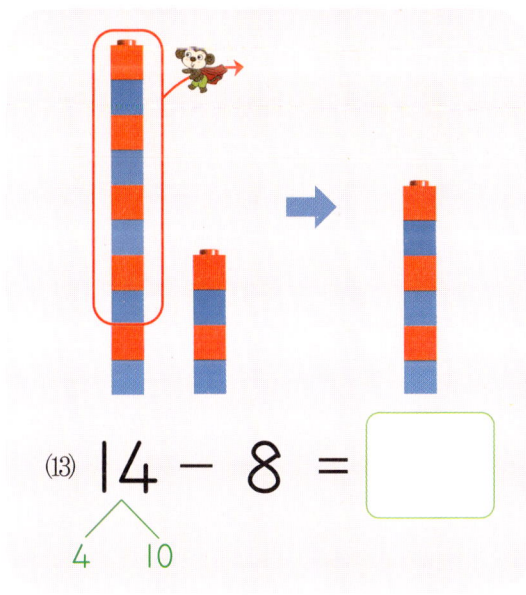

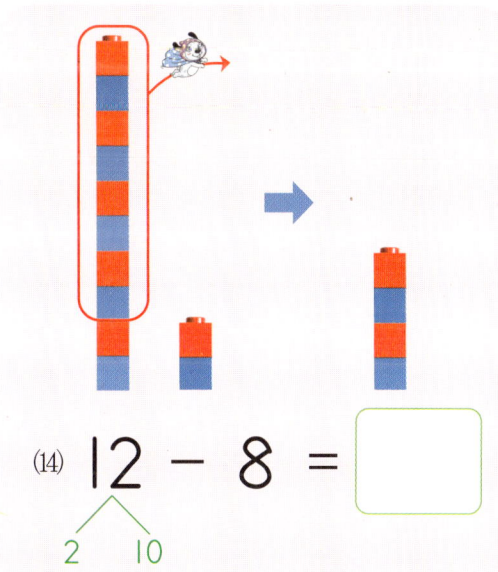

(13) $14 - 8 =$ ☐

4 10

(14) $12 - 8 =$ ☐

2 10

(15) $13 - 8 =$ ☐

3 10

(16) $11 - 8 =$ ☐

1 10

(17) $16 - 8 =$ ☐

6 10

(18) $18 - 8 =$ ☐

(19) $15 - 8 =$ ☐

5 10

(20) $10 - 8 =$ ☐

(21) $17 - 8 =$ ☐

7 10

(22) $19 - 8 =$ ☐

(23) $9 - 8 =$ ☐

(24) $8 - 8 =$ ☐

 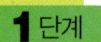

 다음 뺄셈을 하세요.

(1) $8 - 8 = \boxed{}$

$18 - 8 = \boxed{}$

(2) $9 - 8 = \boxed{}$

$19 - 8 = \boxed{}$

(3) $10 - 8 = \boxed{}$

$20 - 8 = \boxed{}$

(4) $12 - 8 = \boxed{}$

(5) $17 - 8 = \boxed{}$

(6) $11 - 8 = \boxed{}$

(7) $13 - 8 = \boxed{}$

(8) $18 - 8 = \boxed{}$

(9) $15 - 8 = \boxed{}$

(10) $16 - 8 = \boxed{}$

(11) $14 - 8 = \boxed{}$

(12) $20 - 8 = \boxed{}$

(13) $10 - 8 = \boxed{}$

다음 뺄셈을 하세요.

1주

(14) 17 - 8 =

(15) 10 - 8 =

(16) 15 - 8 =

(17) 12 - 8 =

(18) 20 - 8 =

(19) 11 - 8 =

(20) 9 - 8 =

(21) 14 - 8 =

(22) 10 - 8 =

(23) 13 - 8 =

(24) 16 - 8 =

(25) 18 - 8 =

(26) 14 - 8 =

(27) 19 - 8 =

8개에서
8개를 모두 빼면
몇이 남지?

(28) 8 - 8 =

(29) 15 - 8 =

➕ 다음 뺄셈을 하세요.

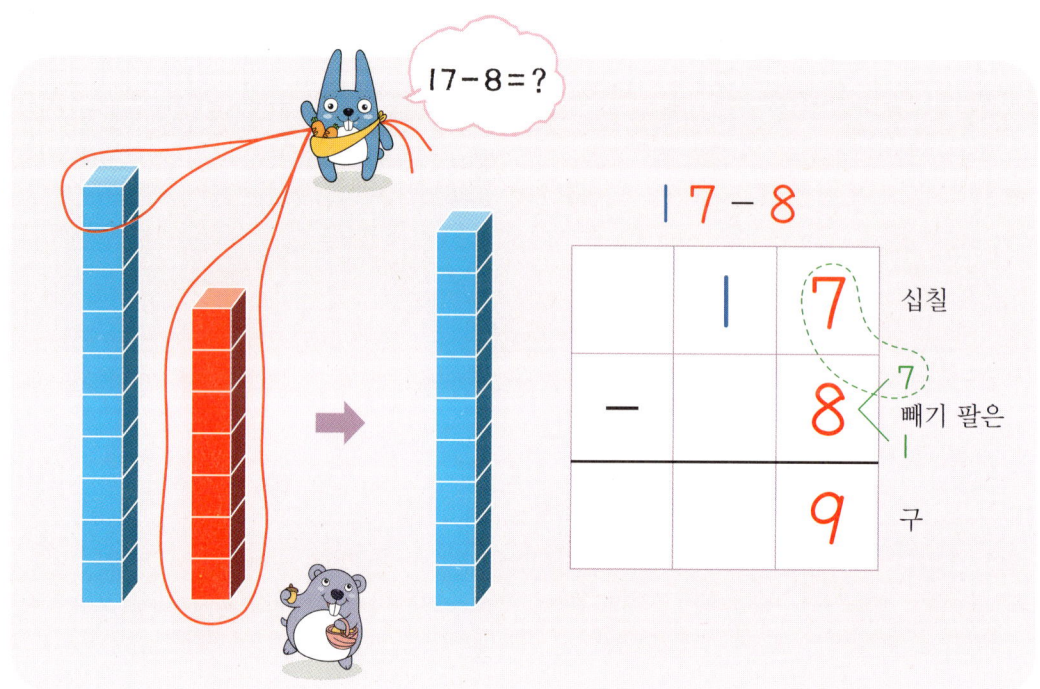

17 - 8 = ?

	1	7	십칠
−		8	빼기 팔은
		9	구

(1)   1 1 - 8

	1	1
−		8

(2)   1 6 - 8

	1	6
−		8

(3)   1 5 - 8

	1	5
−		8

꼭꼭   가로셈을 세로셈으로 바꾸어 계산해 보면서 자릿값에 대해 이해할 수 있게 합니다.

다음 뺄셈을 하세요.

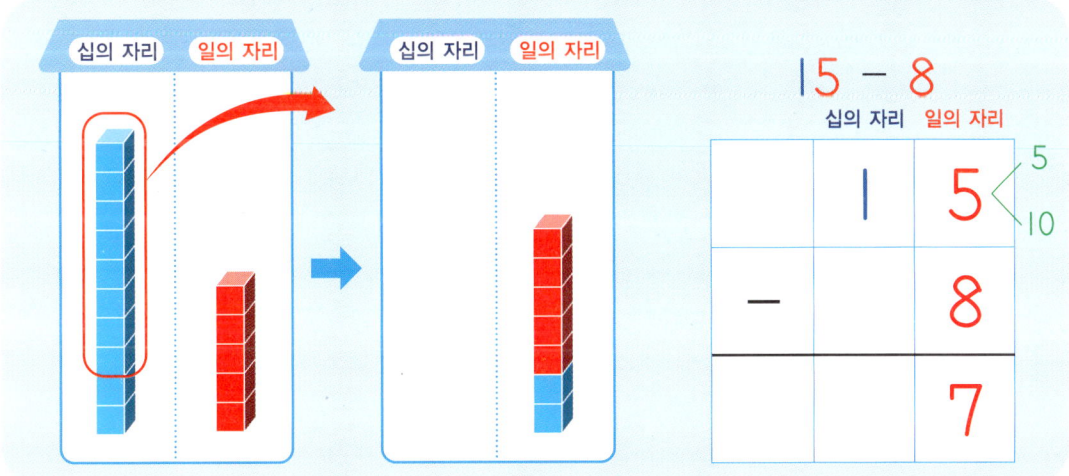

(4) 13 - 8

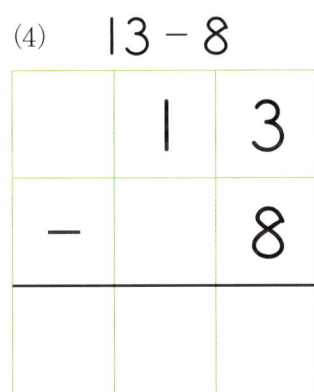

(5) 17 - 8

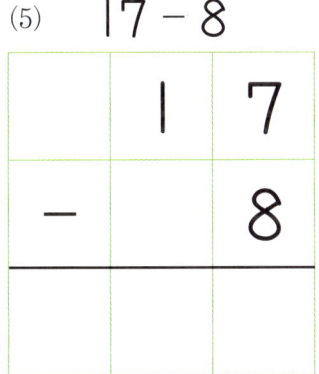

(6) 12 - 8

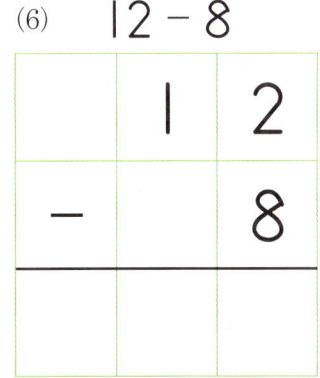

(7) 11 - 8

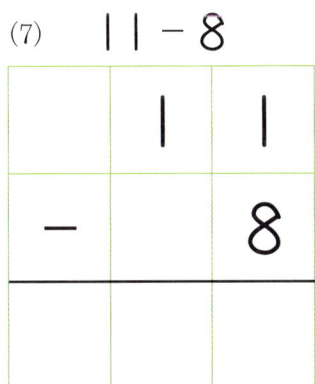

(8) 19 - 8

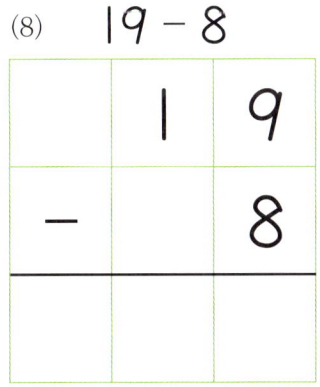

(9) 20 - 8

✚ 다음 뺄셈을 하세요.

(1)

	1	0
－		8

(2)

	1	1
－		8

(3)

	1	3
－		8

(4)

	1	4
－		8

(5)

	1	5
－		8

(6)

	1	6
－		8

(7)

	1	7
－		8

(8)

	1	9
－		8

(9)

	2	0
－		8

 빼어지는 수를 십(10)+몇으로 갈라 10에서 먼저 빼는 수를 빼고 남은 수 몇을 더해 보면 받아내림이 있는 뺄셈을 쉽게 이해할 수 있습니다.

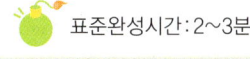

다음 뺄셈을 하세요.

1주

(10)

	1	8
−		8

(11)

	1	4
−		8

(12)

	1	2
−		8

(13)

	1	7
−		8

(14)

	2	0
−		8

(15)

		8
−		8

(16)

	1	1
−		8

(17)

	1	5
−		8

(18)

		9
−		8

✿ 다음 뺄셈을 하세요.

(1)
```
   2 0
 −   8
─────────
```

(2)
```
   1 0
 −   8
─────────
```

(3)
```
   1 2
 −   8
─────────
```

(4)
```
   1 8
 −   8
─────────
```

(5)
```
   1 6
 −   8
─────────
```

(6)
```
   1 4
 −   8
─────────
```

(7)
```
   1 3
 −   8
─────────
```

(8)
```
   1 7
 −   8
─────────
```

(9)
```
   1 9
 −   8
─────────
```

(10)
```
   1 5
 −   8
─────────
```

(11)
```
     9
 −   8
─────────
```

(12)
```
     8
 −   8
─────────
```

다음 뺄셈을 하세요.

(13)
```
    1 7
  -   8
  ─────
```

(14)
```
    1 1
  -   8
  ─────
```

(15)
```
    1 0
  -   8
  ─────
```

(16)
```
    1 9
  -   8
  ─────
```

(17)
```
    2 0
  -   8
  ─────
```

(18)
```
      9
  -   8
  ─────
```

(19)
```
    1 2
  -   8
  ─────
```

(20)
```
    1 4
  -   8
  ─────
```

(21)
```
      8
  -   8
  ─────
```

(22)
```
    1 3
  -   8
  ─────
```

(23)
```
    1 6
  -   8
  ─────
```

(24)
```
    1 5
  -   8
  ─────
```

9차시 빼기 8 : (1~20)-8

2단계

⊕ 다음 뺄셈을 하세요.

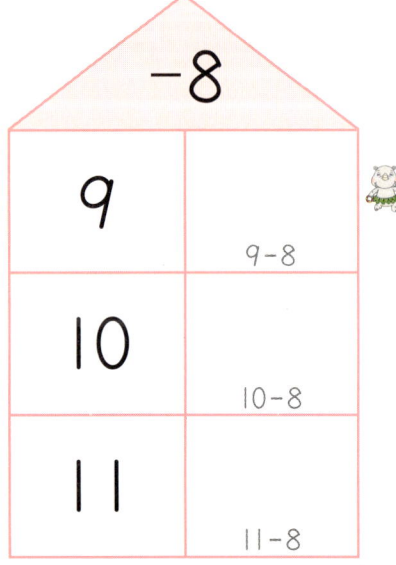

세로의 수 9에서
가로의 수 8을
빼요.

-8	
9	9-8
10	10-8
11	11-8

-8	
12	
13	
14	

-8	
17	
16	
15	

-8	
20	
19	
18	

 꼭꼭 뺄셈식을 세우지 않고 세로의 수에서 가로의 수를 빼서 뺄셈을 능숙하게 하도록 합니다.

다음 뺄셈을 하세요.

1주

−	8
20	 20 - 8
9	 9 - 8
18	 18 - 8
12	 12 - 8
16	 16 - 8
14	 14 - 8
8	 8 - 8

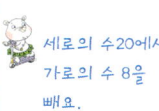 세로의 수 20에서
가로의 수 8을
빼요.

−	8
15	
13	
17	
11	
10	
19	
20	

🔵 다음 뺄셈을 하세요.

−	20	19	18	17	16
8	20-8	19-8	18-8	17-8	16-8

−	10	13	16	11	14
8					

−	8	20	9	15	12
8					

1주

다음 뺄셈을 하세요.

−	12	18	16	14	20	9
8	12−8	18−8	16−8	14−8	20−8	9−8

−	19	17	8	15	11	10
8						

−	11	20	18	13	12	15
8						

그림을 보고, 알맞은 뺄셈식을 찾아 줄로 이으세요.

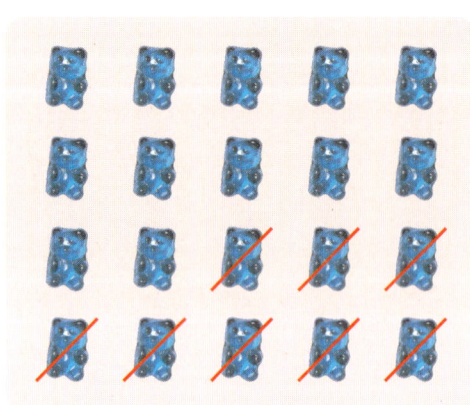

$17 - 8 = 9$

$14 - 8 = 6$

$20 - 8 = 12$

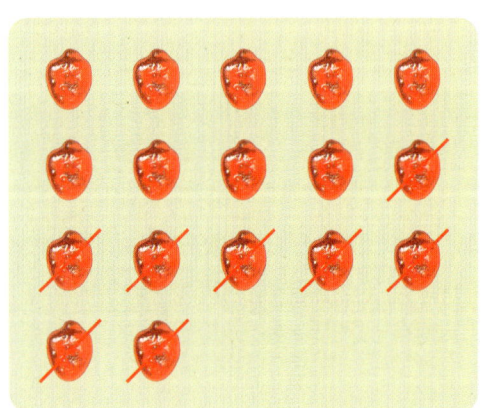

$17 - 8 = 9$

$18 - 8 = 10$

$15 - 8 = 7$

 그림을 보고, 어떤 모습인지 말로 표현해 보며 상황에 맞는 뺄셈식을 찾을 수 있게 합니다. 이를 통해 아이가 생활 속에서 자연스럽게 여러 가지 뺄셈의 상황을 이해할 수 있도록 합니다.

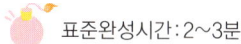

그림에 알맞은 뺄셈식을 찾아 색칠하세요.

1주

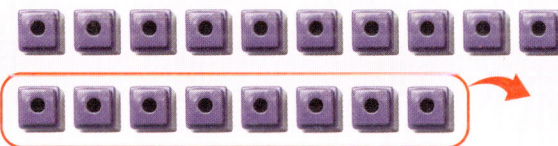

| $13-8=5$ | $18-8=10$ | $12-8=4$ |

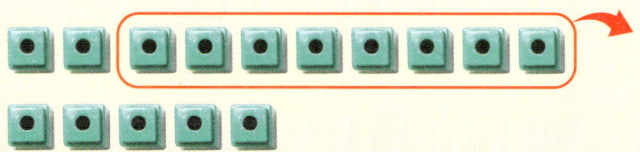

| $19-8=11$ | $20-8=12$ | $15-8=7$ |

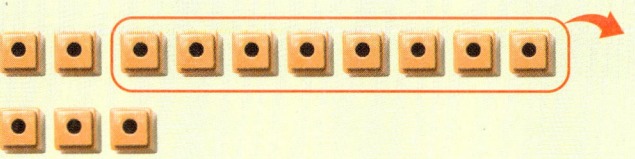

| $13-8=5$ | $16-8=8$ | $17-8=9$ |

🌸 식이 완성되도록 /으로 지우고, ☐ 안에 알맞은 수를 쓰세요.

$19 - \boxed{} = 11$

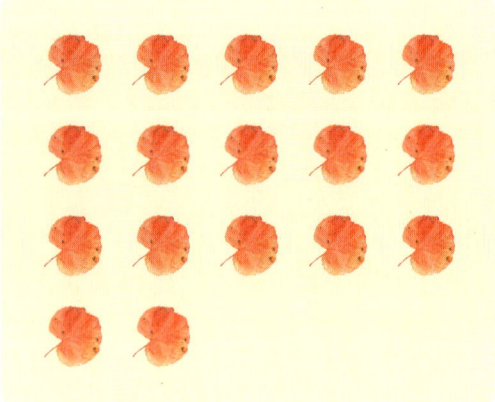

$17 - \boxed{} = 9$

$12 - \boxed{} = 4$

$14 - \boxed{} = 6$

➕ 뺄셈을 하고, 계산 결과가 가장 큰 뺄셈에 ◯ 하세요.

1주

19 - 8   20 - 8   17 - 8

14 - 8   15 - 8   13 - 8

17 - 8   16 - 8   11 - 8

2주 빼기 9 : (1~20)−9

학습 체크표 매일 학습이 끝나면 채점을 하고 체크표를 작성하여 나의 실력을 알아보세요.

차시	단계	공부한 날	잘 했나요?
13차시	1단계	월 일	😊 🙂 😐 😣
14차시		월 일	😊 🙂 😐 😣
15차시		월 일	😊 🙂 😐 😣
16차시		월 일	😊 🙂 😐 😣
17차시		월 일	😊 🙂 😐 😣
18차시		월 일	😊 🙂 😐 😣
19차시		월 일	😊 🙂 😐 😣
20차시		월 일	😊 🙂 😐 😣
21차시	2단계	월 일	😊 🙂 😐 😣
22차시		월 일	😊 🙂 😐 😣
23차시	3단계	월 일	😊 🙂 😐 😣
24차시		월 일	😊 🙂 😐 😣

틀린 개수가

0~1개이면 😊 (아주 잘함)에, 2~3개이면 🙂 (잘함)에,

4~5개이면 😐 (보통)에, 6개 이상이면 😣 (노력 바람)에 색칠해 주세요.

만화로 개념 알아보기

학습목표 다양한 빼기 방법을 익혀 빼기 9를 능숙하게 계산하고, 생활 속에서의 뺄셈 상황을 이해할 수 있습니다.

다녀오셨어요? 엄마~

그래.

네가 좋아하는 복숭아를 사 왔단다.

와~ 신난다!

할아버지, 할머니 아빠 것은 남기고 먹자.

몇 개나 남겨요?

할아버지

할머니

아 빠

각각 3개씩 모두 9개를 남기렴.

응?

C5 37

2주

➕ 수를 갈라 ☐ 안에 알맞은 수를 쓰고, 뺄셈을 하세요.

11

9   2

11 - 9 = 2

(1)

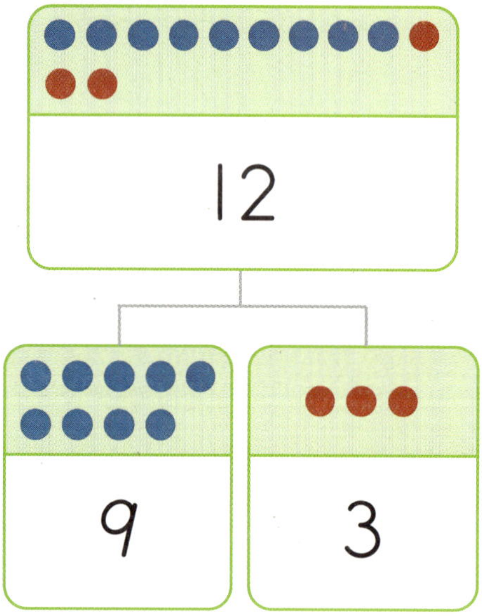

12

9   3

12 - 9 = ☐

(2)

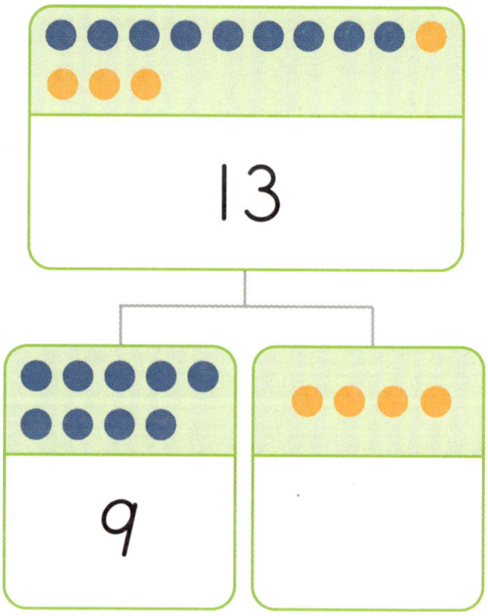

13

9

13 - 9 = ☐

 꼭꼭 구체물의 전체 개수를 세어 보고, 몇 개와 몇 개로 갈랐는지 알아보며 뺄셈의 기초를 다집니다.

😊 수를 갈라 ☐ 안에 알맞은 수를 쓰고, 뺄셈을 하세요.

(3)
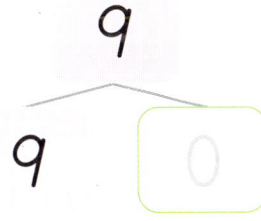

9 − 9 = ☐ 0 ☐

(4)
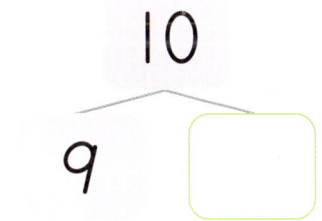

10 − 9 = ☐

(5)

19

9   ☐

19 − 9 = ☐

(6)

20 − 9 = ☐

(7)

14

9   ☐

14 − 9 = ☐

(8)

15

9   ☐

15 − 9 = ☐

➕ 다음 뺄셈을 하세요.

(1) 10 − 9 =
십   빼기   구   는

(2) 11 − 9 =
십일   빼기   구   는

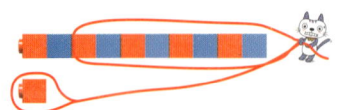

(3) 12 − 9 =
십이   빼기   구   는

(4) 13 − 9 =
십삼   빼기   구   는

(5) 14 − 9 =
십사   빼기   구   는

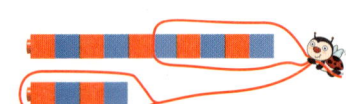

다음 뺄셈을 하세요.

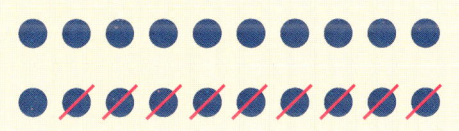

(6) $20 - 9 =$ ☐

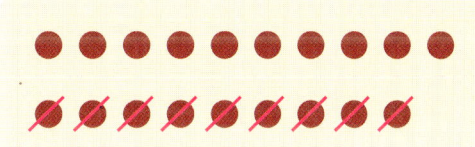

(7) $19 - 9 =$ ☐

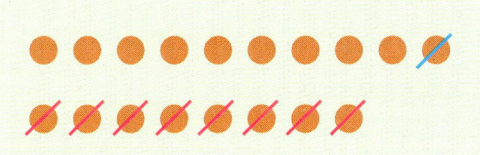

(8) $18 - 9 =$ ☐

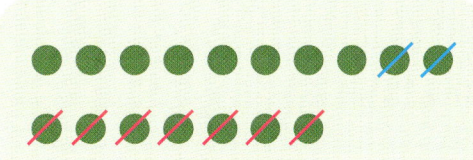

(9) $17 - 9 =$ ☐

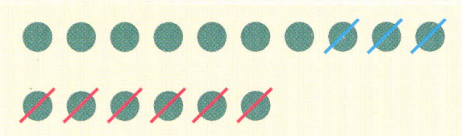

(10) $16 - 9 =$ ☐

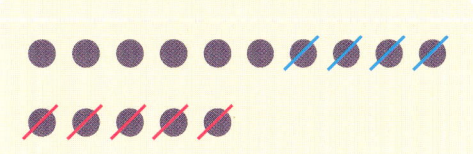

(11) $15 - 9 =$ ☐

➕ 다음 뺄셈을 하세요.

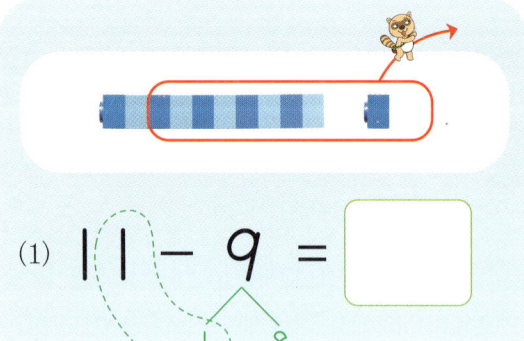

(1) $11 - 9 =$ ☐
    1 8

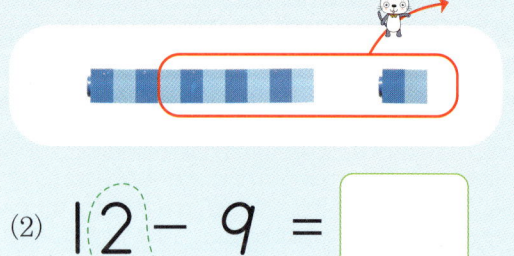

(2) $12 - 9 =$ ☐
    2 7

(3) $20 - 9 =$ ☐

(4) $17 - 9 =$ ☐
    7 2

(5) $18 - 9 =$ ☐
    8 1

(6) $16 - 9 =$ ☐
    6 3

(7) $15 - 9 =$ ☐
    5 4

(8) $14 - 9 =$ ☐
    4 5

(9) $10 - 9 =$ ☐

(10) $13 - 9 =$ ☐
    3 6

(11) $9 - 9 =$ ☐

(12) $19 - 9 =$ ☐

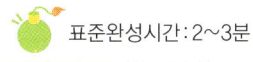

다음 뺄셈을 하세요.

(13) 19 − 9 =

(14) 10 − 9 =

(15) 11 − 9 =　1　8

(16) 20 − 9 =

(17) 17 − 9 =　7　2

(18) 13 − 9 =　3　6

(19) 14 − 9 =　4　5

(20) 16 − 9 =　6　3

(21) 15 − 9 =　5　4

(22) 18 − 9 =　8　1

계산을 안 해도 몇이 나오는지 알지?

(23) 9 − 9 =

(24) 11 − 9 =　1　8

(25) 12 − 9 =　2　7

(26) 19 − 9 =

(27) 13 − 9 =

(28) 17 − 9 =

16 차시 빼기 9 : (1~20)-9   1 단계

다음 뺄셈을 하세요.

(1) 18 – 9 = ☐
　　8　10

(2) 15 – 9 = ☐
　　5　10

(3) 17 – 9 = ☐
　　7　10

(4) 16 – 9 = ☐
　　6　10

(5) 20 – 9 = ☐

(6) 11 – 9 = ☐
　　1　10

(7) 19 – 9 = ☐
　　9　10

(8) 13 – 9 = ☐
　　3　10

(9) 12 – 9 = ☐
　　2　10

(10) 9 – 9 = ☐

(11) 10 – 9 = ☐

(12) 14 – 9 = ☐
　　4　10

 받아내림이 있는 뺄셈에서는 빼어지는 수를 몇과 십(10)으로 나누어 먼저 10에서 빼는 수만큼 덜어 내고 나온 수와 몇을 더하는 방법으로 뺄셈을 쉽게 할 수 있습니다.

✚ 다음 뺄셈을 하세요.

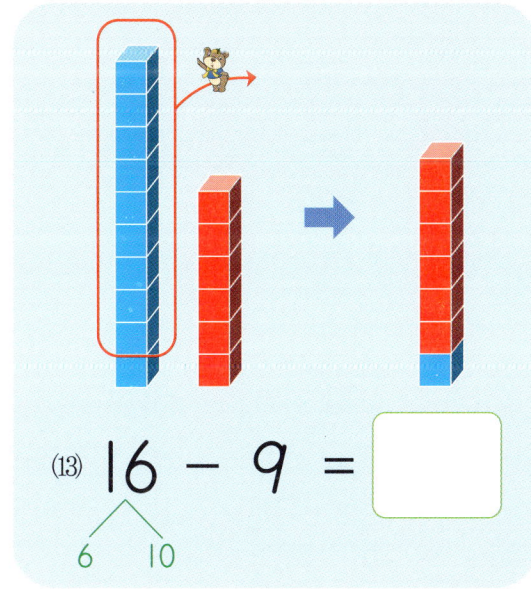

(13) $16 - 9 =$ ☐

6   10

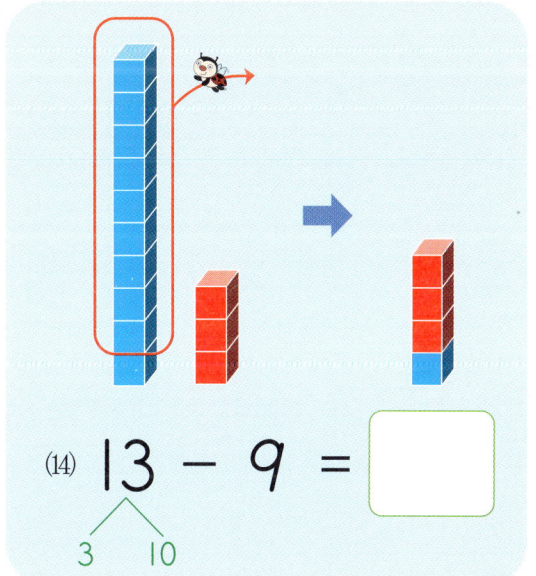

(14) $13 - 9 =$ ☐

3   10

2주

(15) $17 - 9 =$ ☐

7   10

(16) $15 - 9 =$ ☐

5   10

(17) $11 - 9 =$ ☐

1   10

(18) $14 - 9 =$ ☐

4   10

(19) $12 - 9 =$ ☐

2   10

(20) $10 - 9 =$ ☐

(21) $20 - 9 =$ ☐

(22) $9 - 9 =$ ☐

(23) $18 - 9 =$ ☐

(24) $19 - 9 =$ ☐

🔵 다음 뺄셈을 하세요.

(1) 9 - 9 = ☐

19 - 9 = ☐

(2) 10 - 9 = ☐

20 - 9 = ☐

(3) 18 - 9 = ☐

(4) 15 - 9 = ☐

(5) 11 - 9 = ☐

(6) 17 - 9 = ☐

(7) 15 - 9 = ☐

(8) 14 - 9 = ☐

(9) 16 - 9 = ☐

(10) 13 - 9 = ☐

(11) 9 - 9 = ☐

(12) 10 - 9 = ☐

(13) 19 - 9 = ☐

(14) 12 - 9 = ☐

다음 뺄셈을 하세요.

(15) $11 - 9 =$ ☐

(16) $19 - 9 =$ ☐

(17) $20 - 9 =$ ☐

(18) $9 - 9 =$ ☐

(19) $13 - 9 =$ ☐

(20) $15 - 9 =$ ☐

(21) $10 - 9 =$ ☐

(22) $17 - 9 =$ ☐

(23) $14 - 9 =$ ☐

(24) $19 - 9 =$ ☐

(25) $12 - 9 =$ ☐

(26) $18 - 9 =$ ☐

(27) $16 - 9 =$ ☐

(28) $13 - 9 =$ ☐

(29) $20 - 9 =$ ☐

(30) $14 - 9 =$ ☐

⊕ 다음 뺄셈을 하세요.

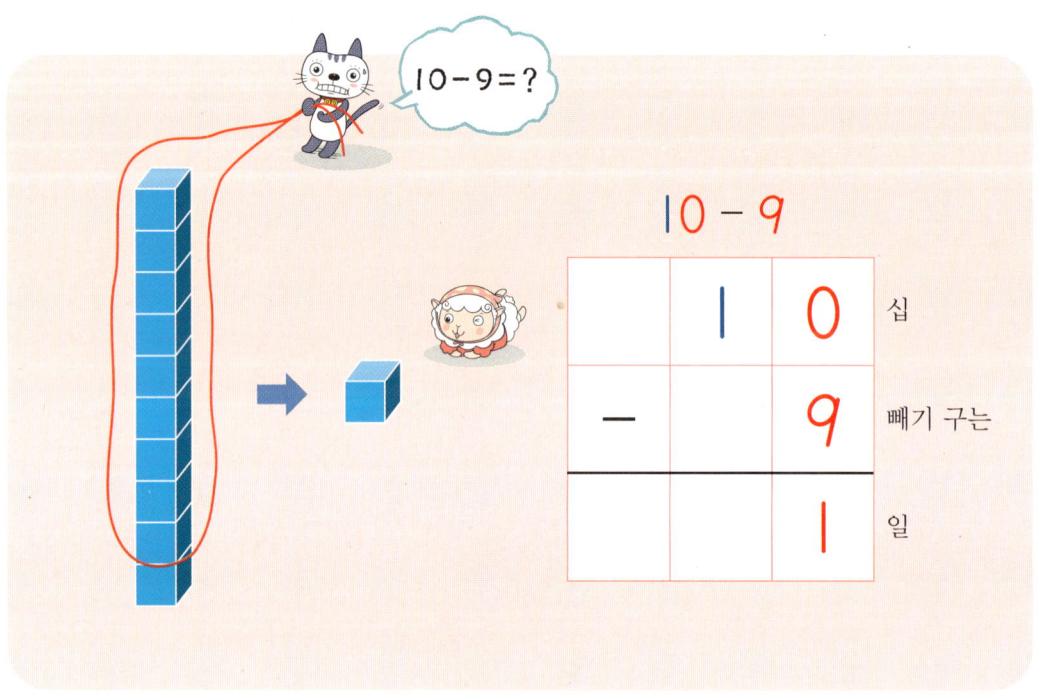

(1) 11 − 9

	1	1
−		9

(2) 12 − 9

	1	2
−		9

(3) 13 − 9

	1	3
−		9

꼭꼭 받아내림이 있는 뺄셈을 어떻게 하는 것이 편리하였는지 아이에게 물어 보고, 아이가 편리한 방법을 택하여 뺄셈의 세로셈을 풀어 볼 수 있게 합니다.

○ 다음 뺄셈을 하세요.

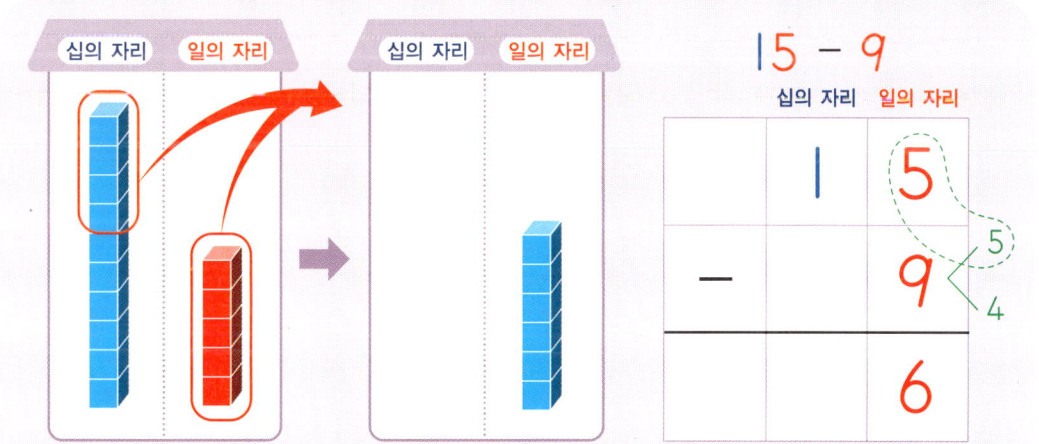

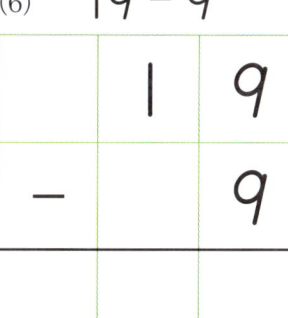

(4) $16 - 9$

십의 자리	일의 자리
1	6
−	9

(5) $17 - 9$

십의 자리	일의 자리
1	7
−	9

(6) $19 - 9$

십의 자리	일의 자리
1	9
−	9

(7) $20 - 9$

십의 자리	일의 자리
2	0
−	9

(8) $11 - 9$

십의 자리	일의 자리
1	1
−	9

(9) $14 - 9$

십의 자리	일의 자리
1	4
−	9

 다음 뺄셈을 하세요.

(1)

	1	2
−		9

(2)

	1	3
−		9

(3)

	1	4
−		9

(4)

	1	5
−		9

(5)

	1	6
−		9

(6)

	1	7
−		9

(7)

	1	8
−		9

(8)

	1	9
−		9

(9)

	2	0
−		9

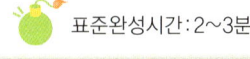

😊 다음 뺄셈을 하세요.

(10)

	1	8
−		9

(11)

	1	5
−		9

(12)

	1	1
−		9

(13)

	1	6
−		9

(14)

	1	0
−		9

(15)

	1	9
−		9

(16)

	1	3
−		9

(17)

	1	7
−		9

(18)

	1	2
−		9

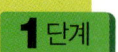

➕ 다음 뺄셈을 하세요.

(1)
```
  1 4
-   9
─────
```

(2)
```
  1 2
-   9
─────
```

(3)
```
    9
-   9
─────
```

(4)
```
  1 1
-   9
─────
```

(5)
```
  1 5
-   9
─────
```

(6)
```
  1 0
-   9
─────
```

(7)
```
  1 8
-   9
─────
```

(8)
```
  1 6
-   9
─────
```

(9)
```
  1 3
-   9
─────
```

(10)
```
  1 7
-   9
─────
```

(11)
```
  1 9
-   9
─────
```

(12)
```
  2 0
-   9
─────
```

다음 뺄셈을 하세요.

(13)
```
    1 2
  -   9
```

(14)
```
    1 4
  -   9
```

(15)
```
      9
  -   9
```

2주

(16)
```
    1 0
  -   9
```

(17)
```
    1 5
  -   9
```

(18)
```
    1 8
  -   9
```

(19)
```
    1 7
  -   9
```

(20)
```
    1 9
  -   9
```

(21)
```
    1 1
  -   9
```

(22)
```
    1 6
  -   9
```

(23)
```
    1 3
  -   9
```

(24)
```
    2 0
  -   9
```

21 차시 빼기 9 : (1~20)-9   **2**단계

🔵 다음 뺄셈을 하세요.

-9

9	9-9
10	10-9
11	11-9

-9

12	12-9
13	13-9
14	14-9

-9

17	
16	
15	

-9

20	
19	
18	

 아이가 뺄셈을 능숙하게 하지 못하는 경우는 직접 뺄셈식을 세워서 답을 구할 수 있도록 합니다. 빼는 수가 커짐에 따라 계산을 하는 데 어려움이 따를 수 있으므로 천천히 계산을 할 수 있도록 지켜봅니다.

다음 뺄셈을 하세요.

−	9
9	9-9
18	18-9
11	11-9
15	15-9
13	13-9
14	14-9
17	17-9

세로의 수 9에서 가로의 수 9를 빼요.

−	9
12	
16	
17	
10	
19	
20	
13	

💠 다음 뺄셈을 하세요.

−	20	19	18	17	16
9	20−9	19−9	18−9	17−9	16−9

가로의 수 20에서
세로의 수 9를 빼요.

−	14	13	12	11	10
9					

−	9	17	15	12	16
9					

다음 뺄셈을 하세요.

−	10	11	14	20	16	12
9	10-9	11-9	14-9	20-9	16-9	12-9

−	12	17	15	9	11	10
9						

−	16	10	15	13	18	19
9						

2주

➕ 그림에 알맞은 뺄셈식을 찾아 ◯ 하세요.

| 13−9=4 | 15−9=6 | 14−9=5 |

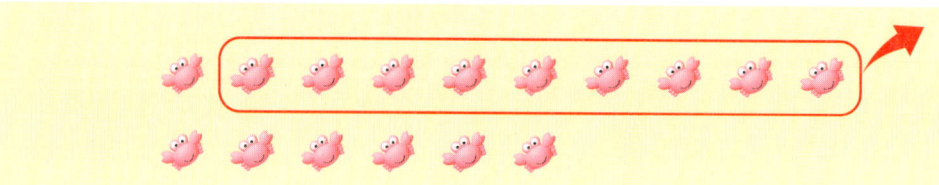

| 17−9=8 | 18−9=9 | 16−9=7 |

| 20−9=11 | 15−9=6 | 19−9=10 |

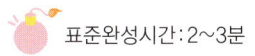
그림을 보고, 알맞은 뺄셈식을 찾아 줄로 이으세요.

$19 - 9 = 10$

$20 - 9 = 11$

$15 - 9 = 6$

$14 - 9 = 5$

$16 - 9 = 7$

$18 - 9 = 9$

식이 완성되도록 / 으로 지우고, ☐ 안에 알맞은 수를 쓰세요.

$19 - \boxed{} = 10$　　　$17 - \boxed{} = 8$

$15 - \boxed{} = 6$　　　$10 - \boxed{} = 1$

 아이가 뺄셈에서의 빼는 수를 바르게 이해하고 있는지 확인해 봅니다.

빼셈을 하고, 계산 결과가 가장 큰 빼셈에 색칠하세요.

15 - 9　　17 - 9　　16 - 9

2주

13 - 9　　12 - 9　　11 - 9

11 - 9　　10 - 9　　14 - 9

 주 빼기 10 : (1~20) −10

학습 체크표 매일 학습이 끝나면 채점을 하고 체크표를 작성하여 나의 실력을 알아보세요.

차시	단계	공부한 날	잘 했나요?
25차시		월 일	😄 🙂 😐 😣
26차시		월 일	😄 🙂 😐 😣
27차시		월 일	😄 🙂 😐 😣
28차시	1단계	월 일	😄 🙂 😐 😣
29차시		월 일	😄 🙂 😐 😣
30차시		월 일	😄 🙂 😐 😣
31차시		월 일	😄 🙂 😐 😣
32차시		월 일	😄 🙂 😐 😣
33차시	2단계	월 일	😄 🙂 😐 😣
34차시		월 일	😄 🙂 😐 😣
35차시	3단계	월 일	😄 🙂 😐 😣
36차시		월 일	😄 🙂 😐 😣

틀린 개수가

0~1 개이면 😄 (아주 잘함)에, 2~3 개이면 🙂 (잘함)에,
4~5 개이면 😐 (보통)에, 6개 이상이면 😣 (노력 바람)에 색칠해 주세요.

만화로 개념 알아보기

3주

학습목표 빼기 10의 개념과 다양한 계산 과정을 이해하고, 이를 바탕으로 큰 수의 빼기를 능숙하게 계산할 수 있습니다.

오빠가 알려줄게. 네 과자 이리 줘 봐.

10을 빼는 건 10개를 먹는 것과 같아.

10 - 10

냠냠...

헉

자 10개에서 10개를 먹으면?

7개 꿋

10 - 10 = 10

울먹 울먹...

남은 게 한 개도 없는데?

그래서 10-10=0~ 한 개도 없는 게 정답이야!

으앙... 내 과자!

헉!

25 차시 빼기 10 : (1~20)−10   1단계

○ 수를 갈라 ☐ 안에 알맞은 수를 쓰고, 뺄셈을 하세요.

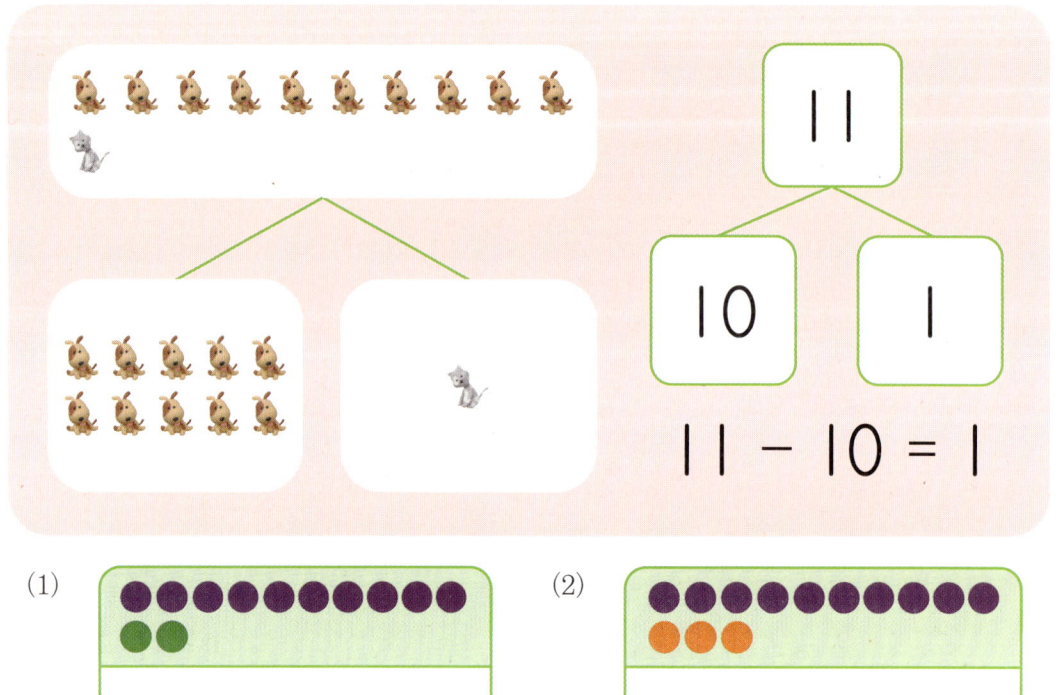

$$11 - 10 = 1$$

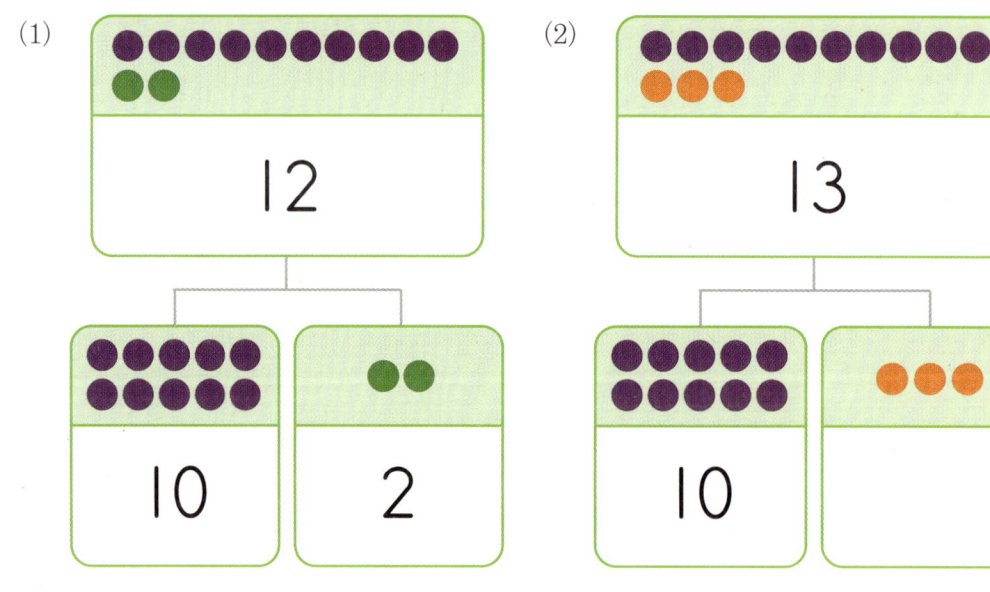

(1) $12 - 10 = \boxed{}$

(2) $13 - 10 = \boxed{}$

 구체물을 두 수로 갈라 보고 뺄셈의 기본 개념을 이해하게 합니다.

✚ 수를 갈라 ☐ 안에 알맞은 수를 쓰고, 뺄셈을 하세요.

(3)
14
10　　4

14 − 10 = 4

(4)
15
10　　☐

15 − 10 = ☐

(5)
16
10　　☐

16 − 10 = ☐

(6)
17
10　　☐

17 − 10 = ☐

(7)
18
10　　☐

18 − 10 = ☐

(8)
19
10　　☐

19 − 10 = ☐

 다음 뺄셈을 하세요.

(1) 11 – 10 =

십일 　 빼기 　 십 　 은

(2) 12 – 10 =

십이 　 빼기 　 십 　 은

(3) 13 – 10 =

십삼 　 빼기 　 십 　 은

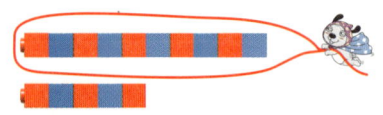 

(4) 14 – 10 =

십사 　 빼기 　 십 　 은

(5) 15 – 10 =

십오 　 빼기 　 십 　 은

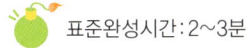
 다음 뺄셈을 하세요.

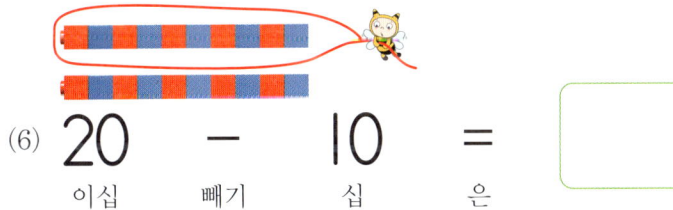

(6) **20**   **–**   **10**   **=**

이십   빼기   십   은

(7) **19**   **–**   **10**   **=**

십구   빼기   십   은

(8) **18**   **–**   **10**   **=**

십팔   빼기   십   은

(9) **17**   **–**   **10**   **=**

십칠   빼기   십   은

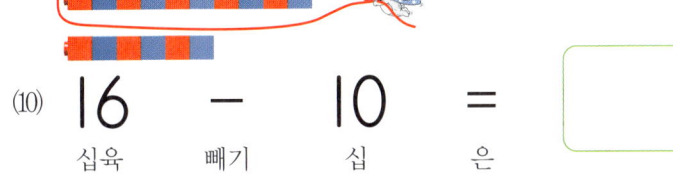

(10) **16**   **–**   **10**   **=**

십육   빼기   십   은

🍀 다음 뺄셈을 하세요.

(1) 20 − 10 = ☐

  10 − 10 = ☐

(2) 17 − 10 = ☐   (3) 15 − 10 = ☐

(4) 14 − 10 = ☐   (5) 19 − 10 = ☐

(6) 18 − 10 = ☐   (7) 12 − 10 = ☐

(8) 10 − 10 = ☐   (9) 20 − 10 = ☐

(10) 11 − 10 = ☐   (11) 13 − 10 = ☐

(12) 16 − 10 = ☐   (13) 18 − 10 = ☐

 다음 뺄셈을 하세요.

(14) 20 − 10 = ☐

(15) 12 − 10 = ☐

(16) 16 − 10 = ☐

(17) 15 − 10 = ☐

(18) 17 − 10 = ☐

(19) 13 − 10 = ☐

(20) 15 − 10 = ☐

(21) 19 − 10 = ☐

(22) 11 − 10 = ☐

(23) 14 − 10 = ☐

(24) 10 − 10 = ☐

(25) 18 − 10 = ☐

(26) 12 − 10 = ☐

(27) 17 − 10 = ☐

(28) 13 − 10 = ☐

(29) 15 − 10 = ☐

다음 뺄셈을 하세요.

(1) 17 − 10 = ☐   (2) 13 − 10 = ☐

(3) 11 − 10 = ☐   (4) 10 − 10 = ☐

(5) 19 − 10 = ☐   (6) 17 − 10 = ☐

(7) 18 − 10 = ☐   (8) 20 − 10 = ☐

(9) 16 − 10 = ☐   (10) 12 − 10 = ☐

(11) 20 − 10 = ☐   (12) 13 − 10 = ☐

(13) 14 − 10 = ☐   (14) 15 − 10 = ☐

(15) 19 − 10 = ☐   (16) 11 − 10 = ☐

 꼭꼭   구체물, 반 구체물 등을 사용하지 않고 암산으로 계산을 해 볼 수 있도록 합니다.

다음 뺄셈을 하세요.

(17) $19 - 10 =$ ⬜

(18) $20 - 10 =$ ⬜

(19) $11 - 10 =$ ⬜

(20) $10 - 10 =$ ⬜

(21) $15 - 10 =$ ⬜

(22) $12 - 10 =$ ⬜

(23) $13 - 10 =$ ⬜

(24) $14 - 10 =$ ⬜

(25) $10 - 10 =$ ⬜

(26) $16 - 10 =$ ⬜

(27) $17 - 10 =$ ⬜

(28) $18 - 10 =$ ⬜

(29) $13 - 10 =$ ⬜

(30) $20 - 10 =$ ⬜

(31) $14 - 10 =$ ⬜

(32) $19 - 10 =$ ⬜

 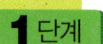

➕ 다음 뺄셈을 하세요.

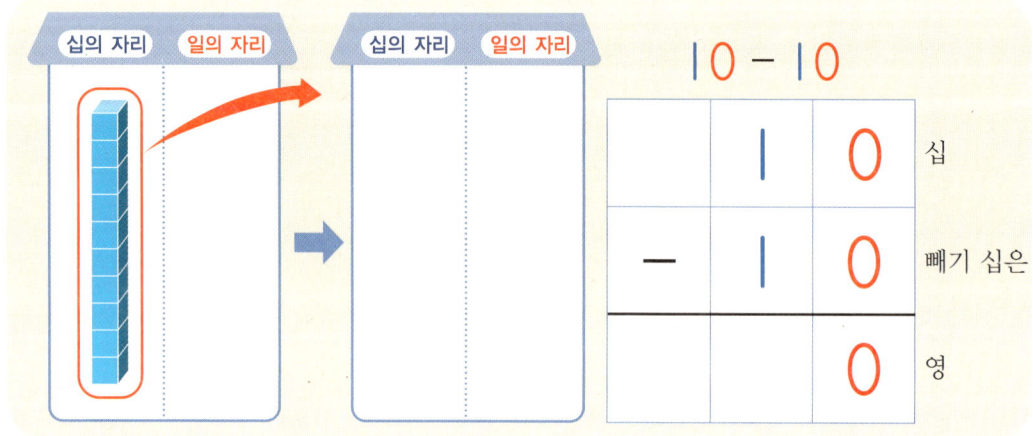

	십의 자리	일의 자리
	1	0	십
−	1	0	빼기 십은
		0	영

$10 - 10$

(1) $13 - 10$

	1	3
−	1	0

(2) $16 - 10$

	1	6
−	1	0

(3) $18 - 10$

	1	8
−	1	0

(4) $11 - 10$

	1	1
−	1	0

(5) $14 - 10$

	1	4
−	1	0

(6) $20 - 10$

	2	0
−	1	0

🍀 다음 뺄셈을 하세요.

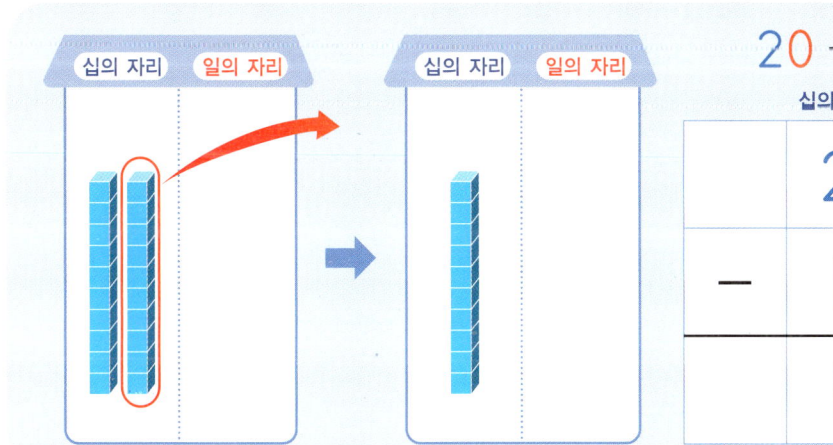

20 - 10

	십의 자리	일의 자리
	2	0
−	1	0
	1	0

3주

(7)   12 − 10

	1	2
−	1	0

(8)   15 − 10

	1	5
−	1	0

(9)   19 − 10

	1	9
−	1	0

(10)   17 − 10

	1	7
−	1	0

(11)   20 − 10

	2	0
−	1	0

(12)   14 − 10

	1	4
−	1	0

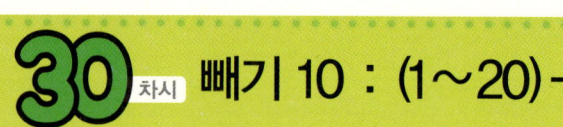
 다음 뺄셈을 하세요.

(1)

	1	3
−	1	0

(2)

	1	6
−	1	0

(3)

	1	8
−	1	0

(4)

	1	1
−	1	0

(5)

	1	7
−	1	0

(6)

	1	9
−	1	0

(7)

	2	0
−	1	0

(8)

	1	4
−	1	0

(9)

	1	2
−	1	0

⊕ 다음 뺄셈을 하세요.

(10)
	1	4
-	1	0

(11)
	1	7
-	1	0

(12)
	1	2
-	1	0

(13)
	1	9
-	1	0

(14)
	1	5
-	1	0

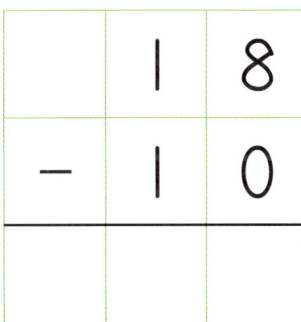

(15)
	1	8
-	1	0

(16)
	1	1
-	1	0

(17)
	1	6
-	1	0

(18)
	1	3
-	1	0

31 차시   빼기 10 : (1~20)-10   1 단계

 다음 뺄셈을 하세요.

(1)
```
   1 7
 - 1 0
```

(2)
```
   1 5
 - 1 0
```

(3)
```
   1 0
 - 1 0
```

(4)
```
   1 9
 - 1 0
```

(5)
```
   1 2
 - 1 0
```

(6)
```
   1 8
 - 1 0
```

(7)
```
   2 0
 - 1 0
```

(8)
```
   1 1
 - 1 0
```

(9)
```
   1 3
 - 1 0
```

(10)
```
   1 4
 - 1 0
```

(11)
```
   1 6
 - 1 0
```

(12)
```
   1 9
 - 1 0
```

다음 뺄셈을 하세요.

(13)
```
    1 2
  - 1 0
  ─────
```

(14)
```
    1 9
  - 1 0
  ─────
```

(15)
```
    1 5
  - 1 0
  ─────
```

(16)
```
    1 6
  - 1 0
  ─────
```

(17)
```
    1 4
  - 1 0
  ─────
```

(18)
```
    2 0
  - 1 0
  ─────
```

(19)
```
    1 0
  - 1 0
  ─────
```

(20)
```
    1 3
  - 1 0
  ─────
```

(21)
```
    1 1
  - 1 0
  ─────
```

(22)
```
    1 7
  - 1 0
  ─────
```

(23)
```
    1 2
  - 1 0
  ─────
```

(24)
```
    1 8
  - 1 0
  ─────
```

  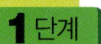

➕ 다음 뺄셈을 하세요.

(1)
$$2 - 1 = \boxed{}$$

$$20 - 10 = \boxed{}$$

(2)
$$3 - 1 = \boxed{}$$

$$30 - 10 = \boxed{20}$$

(3)
$$4 - 1 = \boxed{}$$

$$40 - 10 = \boxed{30}$$

(4)
$$5 - 1 = \boxed{}$$

$$50 - 10 = \boxed{40}$$

다음 뺄셈을 하세요.

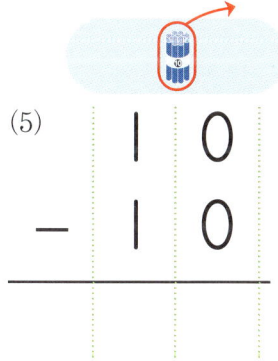

(5)
$$\begin{array}{r} 1\ 0 \\ -\ 1\ 0 \\ \hline \end{array}$$

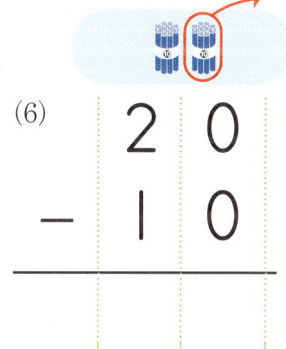

(6)
$$\begin{array}{r} 2\ 0 \\ -\ 1\ 0 \\ \hline \end{array}$$

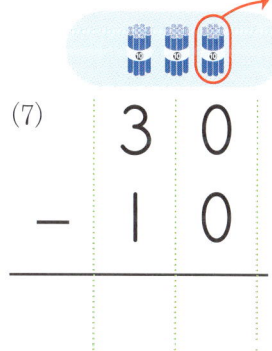

(7)
$$\begin{array}{r} 3\ 0 \\ -\ 1\ 0 \\ \hline \end{array}$$

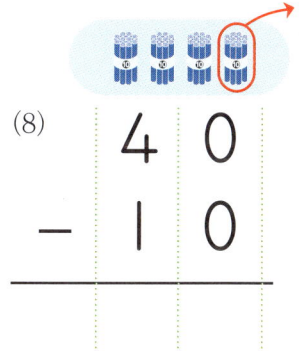

(8)
$$\begin{array}{r} 4\ 0 \\ -\ 1\ 0 \\ \hline \end{array}$$

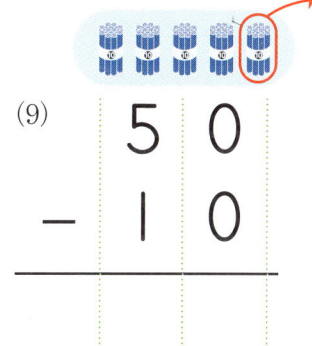

(9)
$$\begin{array}{r} 5\ 0 \\ -\ 1\ 0 \\ \hline \end{array}$$

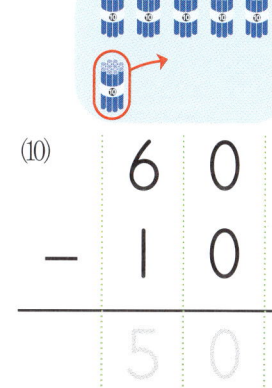

(10)
$$\begin{array}{r} 6\ 0 \\ -\ 1\ 0 \\ \hline 5\ 0 \end{array}$$

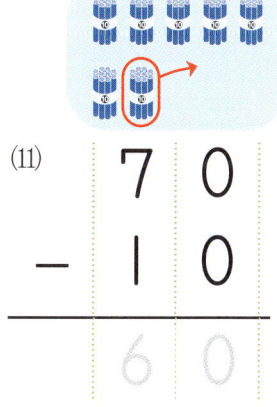

(11)
$$\begin{array}{r} 7\ 0 \\ -\ 1\ 0 \\ \hline 6\ 0 \end{array}$$

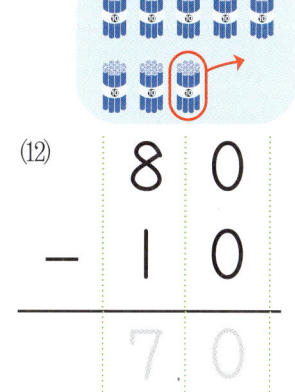

(12)
$$\begin{array}{r} 8\ 0 \\ -\ 1\ 0 \\ \hline 7\ 0 \end{array}$$

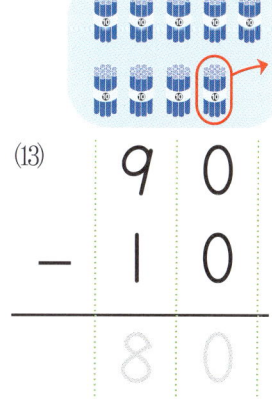

(13)
$$\begin{array}{r} 9\ 0 \\ -\ 1\ 0 \\ \hline 8\ 0 \end{array}$$

🔵 다음 뺄셈을 하세요.

−10	
10	10−10
11	11−10
12	12−10

세로의 수 10에서
가로의 수 10을
빼요.

−10	
13	
14	
15	

−10	
20	
19	
18	

−10	
17	
18	
19	

표준완성시간 : 2~3분

공부한 날   월   일

다음 뺄셈을 하세요.

−	10
17	17-10
19	19-10
11	11-10
18	18-10
20	20-10
13	13-10
10	10-10

세로의 수 17에서
가로의 수 10을
빼요.

 3주

−	10
14	
16	
12	
17	
15	
10	
13	

➕ 다음 뺄셈을 하세요.

−	15	20	11	10	18
10	15-10	20-10	11-10	10-10	18-10

가로의 수 15에서
세로의 수 10을
빼요.

−	16	12	17	13	14
10					

−	30	50	20	70	60
10					

 꼭꼭 수학을 잘 하는 아이는 수학적 사고력의 효과를 체험하면서 즐거움을 느끼는 아이입니다.
'학습'을 한다는 생각보다는 퍼즐 놀이를 하듯이 계산을 하도록 지도합니다.

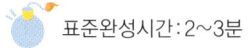

😊 다음 뺄셈을 하세요.

−	15	12	17	11	19	13
10	15-10	12-10	17-10	11-10	19-10	13-10

−	18	10	20	14	15	16
10						

−	80	20	50	60	30	40
10						

3주

35차시 빼기 10 : (1~20)−10

3단계

그림에 알맞은 뺄셈식을 찾아 색칠하세요.

16−10=6 14−10=4 15−10=5

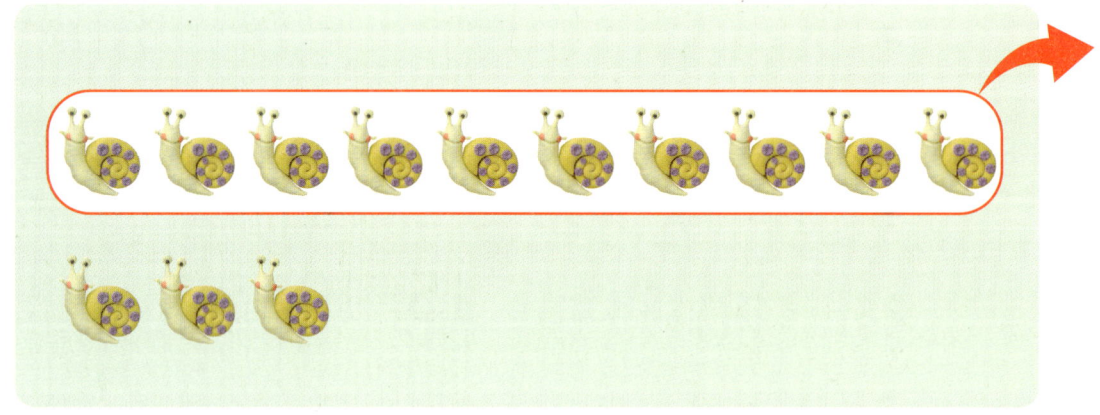

13−10=3 18−10=8 12−10=2

✚ 그림에 알맞은 뺄셈식을 찾아 ◯ 하세요.

$$20-10=10$$

$$19-10=9$$

$$18-10=8$$

$$13-10=3$$

$$12-10=2$$

$$14-10=4$$

$$15-10=5$$

$$10-10=0$$

$$16-10=6$$

➕ 식이 완성되도록 /으로 지우고, ☐ 안에 알맞은 수를 쓰세요.

$19 - \boxed{} = 9$

$15 - \boxed{} = 5$

$16 - \boxed{} = 6$

$20 - \boxed{} = 10$

 전체 개수를 세어 보고 남은 수가 되도록 지웁니다. 이를 통해 뺄셈의 개념을 이해하고 이를 아이의 생활에서 활용하여 볼 수 있게 합니다.

➕ 뺄셈을 하고, 계산 결과가 가장 큰 뺄셈에 ◯ 하세요.

17 - 10　　18 - 10　　20 - 10

19 - 10　　13 - 10　　15 - 10

11 - 10　　12 - 10　　10 - 10

3주

 **주** 빼기 7, 8, 9, 10의 종합

학습 체크표 매일 학습이 끝나면 채점을 하고 체크표를 작성하여 나의 실력을 알아보세요.

차시	단계	공부한 날	잘 했나요?
37차시		월 일	😄 🙂 😑 😣
38차시		월 일	😄 🙂 😑 😣
39차시		월 일	😄 🙂 😑 😣
40차시	1단계	월 일	😄 🙂 😑 😣
41차시		월 일	😄 🙂 😑 😣
42차시		월 일	😄 🙂 😑 😣
43차시		월 일	😄 🙂 😑 😣
44차시		월 일	😄 🙂 😑 😣
45차시	2단계	월 일	😄 🙂 😑 😣
46차시		월 일	😄 🙂 😑 😣
47차시	3단계	월 일	😄 🙂 😑 😣
48차시		월 일	😄 🙂 😑 😣

틀린 개수가

0~1 개이면 😄 (아주 잘함)에, 2~3 개이면 🙂 (잘함)에,
4~5 개이면 😑 (보통)에, 6 개 이상이면 😣 (노력 바람)에 색칠해 주세요.

만화로 개념 알아보기

학습목표 여러 가지 뺄셈 상황과 계산 원리 이해를 바탕으로 빼기 7, 8, 9, 10의 계산을 능숙하게 할 수 있습니다.

우리 마술 대결을 하자! 내가 우선 촛불 10개 중 7개만 꺼볼게~

좋아!

수리수리마수리~ 10-7=3. 얍!

난 지팡이 12개 중 8개를 사라지게 하겠어!

수리수리 마수리~ 12-8=4. 얍!

12-8=4

4주

➕ 다음 뺄셈을 하세요.

(1) $8 - 7 =$ ⬜

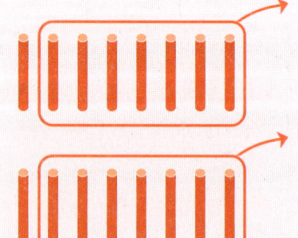

    $18 - 7 =$ ⬜

(2) $7 - 7 =$ ⬜

    $17 - 7 =$ ⬜

(3) $8 - 8 =$ ⬜

    $18 - 8 =$ ⬜

(4) $9 - 8 =$ ⬜

    $19 - 8 =$ ⬜

(5) $9 - 9 =$ ⬜

    $19 - 9 =$ ⬜

(6) $10 - 9 =$ ⬜

    $20 - 9 =$ ⬜

(7) $10 - 10 =$ ⬜

    $20 - 10 =$ ⬜

 꼭꼭   빼어지는 수가 10 크면 그 차도 10 큰 규칙이 있는 뺄셈식을 알아봅니다.

다음 뺄셈을 하세요.

(8) $10 - 7 =$ ◻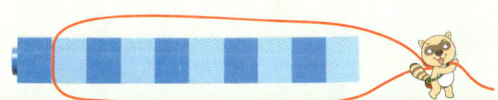

$10 - 8 =$ ◻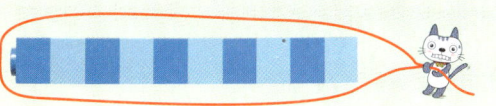

$10 - 9 =$ ◻

$10 - 10 =$ ◻

(9) $13 - 7 =$ ◻　　　　(10) $14 - 7 =$ ◻

$13 - 8 =$ ◻　　　　$14 - 8 =$ ◻

$13 - 9 =$ ◻　　　　$14 - 9 =$ ◻

$13 - 10 =$ ◻　　　　$14 - 10 =$ ◻

 빼는 수가 1씩 커지면 그 차는 1씩 작아집니다.

 다음 뺄셈을 하세요.

(1) 16 − 7 = ☐

16 − 8 = ☐

16 − 9 = ☐

16 − 10 = ☐

(2) 17 − 7 = ☐

17 − 8 = ☐

17 − 9 = ☐

17 − 10 = ☐

(3) 18 − 7 = ☐

18 − 8 = ☐

18 − 9 = ☐

18 − 10 = ☐

(4) 20 − 7 = ☐

20 − 8 = ☐

20 − 9 = ☐

20 − 10 = ☐

🍀 다음 뺄셈을 하세요.

(5) 9 − 7 = ☐

(6) 11 − 8 = ☐

(7) 10 − 8 = ☐

(8) 15 − 7 = ☐

(9) 8 − 8 = ☐

(10) 9 − 9 = ☐

(11) 14 − 7 = ☐

(12) 10 − 10 = ☐

(13) 8 − 7 = ☐

(14) 13 − 8 = ☐

(15) 15 − 9 = ☐

(16) 14 − 10 = ☐

(17) 9 − 8 = ☐

(18) 10 − 7 = ☐

(19) 12 − 9 = ☐

(20) 11 − 10 = ☐

 다음 뺄셈을 하세요.

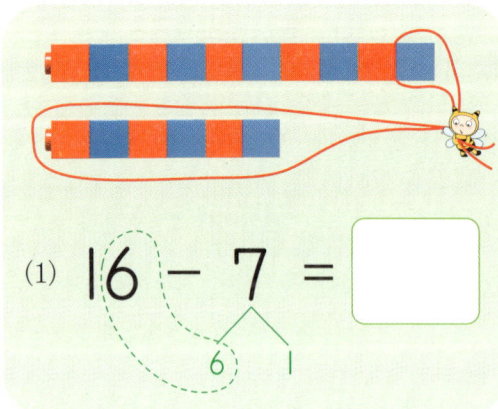

(1) $16 - 7 =$ ☐

(2) $18 - 8 =$ ☐

(3) $20 - 9 =$ ☐

(4) $18 - 7 =$ ☐

(5) $20 - 8 =$ ☐

(6) $19 - 7 =$ ☐

(7) $17 - 9 =$ ☐

(8) $17 - 8 =$ ☐

(9) $16 - 9 =$ ☐

(10) $20 - 7 =$ ☐

(11) $18 - 10 =$ ☐

(12) $19 - 8 =$ ☐

(13) $17 - 7 =$ ☐

(14) $18 - 9 =$ ☐

(15) $20 - 10 =$ ☐

(16) $15 - 8 =$ ☐

 다음 뺄셈을 하세요.

(17) $17 - 8 =$ (18) $19 - 10 =$

(19) $16 - 7 =$ (20) $12 - 9 =$

(21) $13 - 8 =$ (22) $14 - 10 =$

(23) $15 - 9 =$ (24) $20 - 7 =$

(25) $11 - 7 =$ (26) $18 - 10 =$

(27) $14 - 8 =$ (28) $19 - 9 =$

(29) $15 - 8 =$ (30) $16 - 10 =$

(31) $11 - 9 =$ (32) $18 - 7 =$

○ 다음 뺄셈을 하세요.

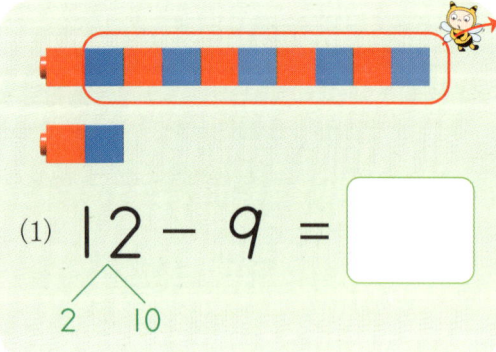

(1) $12 - 9 = \boxed{}$

(2) $19 - 8 = \boxed{}$

(3) $15 - 10 = \boxed{}$

(4) $18 - 9 = \boxed{}$

(5) $17 - 9 = \boxed{}$

(6) $16 - 9 = \boxed{}$

(7) $15 - 8 = \boxed{}$

(8) $18 - 7 = \boxed{}$

(9) $13 - 10 = \boxed{}$

(10) $12 - 10 = \boxed{}$

(11) $11 - 8 = \boxed{}$

(12) $20 - 10 = \boxed{}$

(13) $20 - 9 = \boxed{}$

(14) $10 - 10 = \boxed{}$

(15) $16 - 10 = \boxed{}$

(16) $19 - 9 = \boxed{}$

다음 뺄셈을 하세요.

(17) 11 − 7 =

(18) 18 − 8 =

(19) 14 − 9 =

(20) 20 − 10 =

(21) 16 − 7 =

(22) 17 − 8 =

(23) 15 − 9 =

(24) 16 − 10 =

(25) 10 − 7 =

(26) 14 − 8 =

(27) 20 − 9 =

(28) 13 − 10 =

(29) 12 − 7 =

(30) 16 − 8 =

(31) 16 − 9 =

(32) 19 − 10 =

 다음 뺄셈을 하세요.

(1) $9 - 8 =$ ☐

(2) $19 - 7 =$ ☐

(3) $20 - 9 =$ ☐

(4) $15 - 10 =$ ☐

(5) $10 - 9 =$ ☐

(6) $12 - 10 =$ ☐

(7) $13 - 7 =$ ☐

(8) $14 - 8 =$ ☐

(9) $17 - 10 =$ ☐

(10) $8 - 7 =$ ☐

(11) $9 - 9 =$ ☐

(12) $20 - 10 =$ ☐

(13) $11 - 9 =$ ☐

(14) $19 - 8 =$ ☐

(15) $15 - 8 =$ ☐

(16) $13 - 9 =$ ☐

✚ 계산 결과가 같은 것끼리 줄로 이으세요.

15 - 7	•	•	16 - 8
12 - 8	•	•	17 - 10
16 - 9	•	•	14 - 10
19 - 10	•	•	19 - 8
20 - 9	•	•	18 - 9

4주

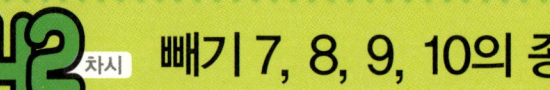

💠 다음 뺄셈을 하세요.

	1	0	십
$-$		7	빼기 칠은
		3	삼

(1)

	1	5
$-$		9

(2)

	1	0
$-$		7

(3)

		8
$-$		8

(4)

	1	1
$-$		8

(5)

	1	8
$-$		9

(6)

		9
$-$		7

➕ 다음 뺄셈을 하세요.

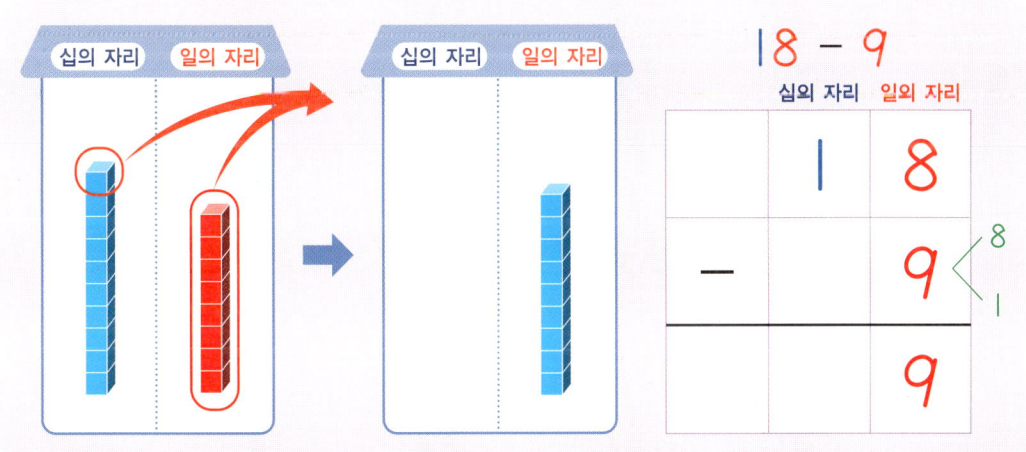

	십의 자리	일의 자리
	1	8
−		9
		9

(7)

	1	6
−		7

(8)

	1	7
−		8

(9)

	2	0
−		9

(10)

	1	8
−	1	0

(11)

	1	9
−		8

(12)

	1	8
−		7

 다음 뺄셈을 하세요.

(1)

	1	6
−		7

(2)

	2	0
−		8

(3)

		9
−		9

(4)

	1	1
−	1	0

(5)

	1	5
−		8

(6)

	1	4
−		7

(7)

	1	7
−		9

(8)

	1	3
−	1	0

(9)

		8
−		7

🍀 다음 뺄셈을 하세요.

(10)
```
    1 4
-     9
_____
```

(11)
```
    1 7
-   1 0
_____
```

(12)
```
    1 0
-     9
_____
```

(13)
```
    1 6
-     7
_____
```

(14)
```
    1 9
-     8
_____
```

(15)
```
      8
-     7
_____
```

(16)
```
    2 0
-     9
_____
```

(17)
```
    1 0
-     7
_____
```

(18)
```
      9
-     8
_____
```

(19)
```
    1 1
-     8
_____
```

(20)
```
    1 2
-     9
_____
```

(21)
```
    1 3
-     7
_____
```

 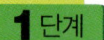

 다음 뺄셈을 하세요.

(1)
```
  1 9
-   9
─────
```

(2)
```
  1 3
-   8
─────
```

(3)
```
  1 4
-   7
─────
```

(4)
```
  1 9
- 1 0
─────
```

(5)
```
  1 0
-   8
─────
```

(6)
```
    9
-   7
─────
```

(7)
```
  1 2
-   7
─────
```

(8)
```
  1 5
-   9
─────
```

(9)
```
  2 0
- 1 0
─────
```

(10)
```
  1 6
-   9
─────
```

(11)
```
  1 7
-   8
─────
```

(12)
```
  1 8
- 1 0
─────
```

다음 뺄셈을 하세요.

(13)
```
  1 3
-   9
-----
```

(14)
```
  2 0
-   9
-----
```

(15)
```
  1 8
- 1 0
-----
```

(16)
```
  1 0
-   8
-----
```

(17)
```
  1 6
-   8
-----
```

(18)
```
    7
-   7
-----
```

(19)
```
  1 1
-   9
-----
```

(20)
```
  1 0
-   7
-----
```

(21)
```
    8
-   8
-----
```

(22)
```
  1 4
- 1 0
-----
```

(23)
```
  1 9
-   8
-----
```

(24)
```
  1 7
-   9
-----
```

 다음 뺄셈을 하세요.

−7

9	9−7
17	17−7
14	14−7

−8

15	
16	
20	

−9

10	
13	
15	

−10

20	
19	
15	

 세로의 수에서 7, 8, 9, 10을 각각 빼어 빈칸에 써넣도록 합니다.

 다음 뺄셈을 하세요.

−	7	8
15	15−7	15−8
20	20−7	20−8

−	9	10
12		
17		

−	8	9
13		
16		

−	7	10
14		
18		

 다음 뺄셈을 하세요.

−	20	15	17	16	19
7	20−7	15−7	17−7	16−7	19−7

−	9	13	11	20	15
8					

−	14	10	18	9	17
9					

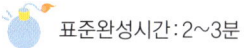
⬤ 다음 뺄셈을 하세요.

−	11	17	19	15	20	18
10	11-10	17-10	19-10	15-10	20-10	18-10

−	17	16	14	19	11	13
9						

−	15	12	10	16	20	13
8						

4주

➕ ☐ 안에 알맞은 수를 써넣어 뺄셈식을 완성하세요.

| ☐ | − | ☐ | = | ☐ |

| ☐ | − | ☐ | = | ☐ |

✚ 그림에 알맞은 뺄셈식을 찾아 색칠하세요.

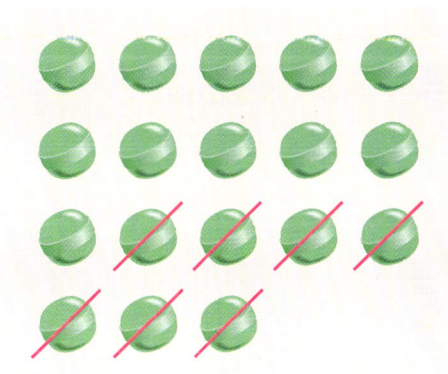

$18 - 7 = 11$

$18 - 8 = 10$

$19 - 7 = 12$

$9 - 9 = 0$

$10 - 9 = 1$

$10 - 8 = 2$

4주

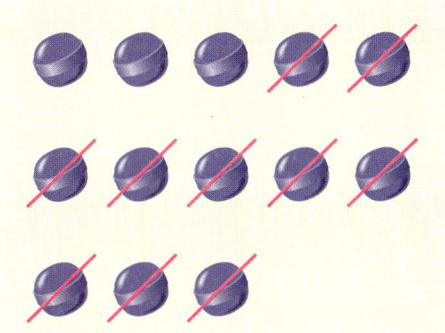

$11 - 8 = 3$

$12 - 8 = 4$

$13 - 10 = 3$

➕ 빼셈을 하고, 계산 결과가 가장 큰 빼셈에 ◯ 하세요.

20 − 9   19 − 9   18 − 9

뒤의 수가 같으므로 앞의 수가 큰 것이 더 커.

18 − 7   18 − 10   18 − 8

앞의 수가 같으므로 뒤의 수가 작은 것이 더 커.

12 − 8   13 − 10   15 − 9

빈칸에 알맞은 수를 써넣어 뺄셈식을 완성하세요.

20	−		=	12
			20 − □ = 12	
−		−		−
	−	1	=	
20 − □ = 10				
=		=		=
10	−	7	=	

C5 119

 다음 뺄셈을 하세요.

(1) $19 - 7 =$ ☐

(2) $12 - 8 =$ ☐

(3) $20 - 10 =$ ☐

(4) $11 - 9 =$ ☐

(5) $15 - 7 =$ ☐

(6) $16 - 8 =$ ☐

(7) $12 - 9 =$ ☐

(8) $20 - 8 =$ ☐

(9) $11 - 10 =$ ☐

(10) $13 - 9 =$ ☐

(11) $14 - 8 =$ ☐

(12) $15 - 8 =$ ☐

(13) $7 - 7 =$ ☐

(14) $12 - 10 =$ ☐

(15) $10 - 10 =$ ☐

(16) $9 - 8 =$ ☐

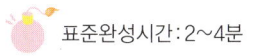
틀린 개수	0~1	2~4	5~9	10개 이상
평가	아주 잘함	잘함	보통	노력 바람

채점을 하고, 틀린 개수에 맞게 ◯하세요.

(17) $11 - 8 = \boxed{}$

(18) $14 - 9 = \boxed{}$

(19) $14 - 10 = \boxed{}$

(20) $14 - 7 = \boxed{}$

(21) $18 - 7 = \boxed{}$

(22) $17 - 10 = \boxed{}$

(23) $16 - 8 = \boxed{}$

(24) $13 - 7 = \boxed{}$

(25) $8 - 7 = \boxed{}$

(26) $17 - 8 = \boxed{}$

(27) $19 - 9 = \boxed{}$

(28) $10 - 7 = \boxed{}$

(29) $15 - 9 = \boxed{}$

(30) $16 - 9 = \boxed{}$

(31) $17 - 9 = \boxed{}$

(32) $20 - 7 = \boxed{}$

(33) $18 - 10 = \boxed{}$

(34) $9 - 7 = \boxed{}$

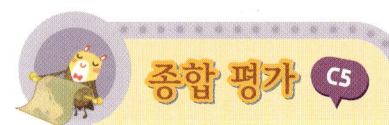
(35)
```
    1 2
  -   9
  ─────
```

(36)
```
      9
  -   8
  ─────
```

(37)
```
    1 9
  - 1 0
  ─────
```

(38)
```
      8
  -   8
  ─────
```

(39)
```
    1 7
  -   7
  ─────
```

(40)
```
    1 1
  -   7
  ─────
```

(41)
```
    2 0
  -   9
  ─────
```

(42)
```
    1 5
  - 1 0
  ─────
```

(43)
```
    1 6
  -   8
  ─────
```

(44)
```
    1 9
  -   7
  ─────
```

(45)
```
    1 8
  -   8
  ─────
```

(46)
```
    1 3
  -   9
  ─────
```

정답 및 지도서

자르는 선을 따라 잘라 보관하여, 채점할 때 사용하세요.

1주 빼기 8 : (1~20)-8

지도 방법

① 빼기 8의 학습을 들어가기 전에 빼기 7까지의 개념을 잘 이해하고 있는지 확인하는 시간을 가져 주세요. 연습이 잘 안되어 있다면 충분히 연습한 후에 학습에 들어가 주세요.

② 아이가 빼기 7까지의 계산을 쉽게 풀 수 있다면 빼기 8도 금방 이해할 수 있습니다. 빼기 7과 같은 방법으로 빼기 8의 개념 설명 및 여러 가지 계산 방법을 지도해 주세요.

③ 아이의 암산 능력을 기르기 위해서 구두로 테스트하는 시간을 가져 보세요.

④ 수를 가르기 하여 답을 구할 때, 아이가 앞가르기와 뒤가르기를 적절히 사용하여 계산할 수 있도록 지도해 주세요.

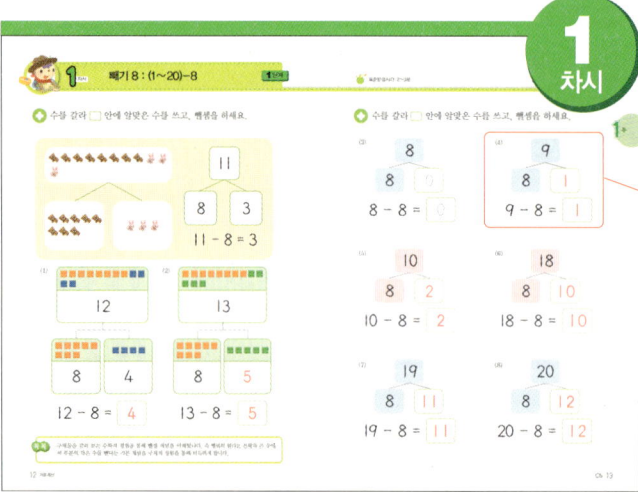

1 차시

12~13쪽

- 빼는 수가 7에서 8로 하나 더 커졌구나. 빼기 8도 빼기 7과 같은 방법으로 계산하면 된단다.

- 9는 어떻게 가를 수 있을까? ○를 그려서 알아보자. 9개의 ○ 중에서 8개를 지우거나 덜어 내면 1개가 남지? 그러니까 9는 8과 1로 가를 수 있겠구나.

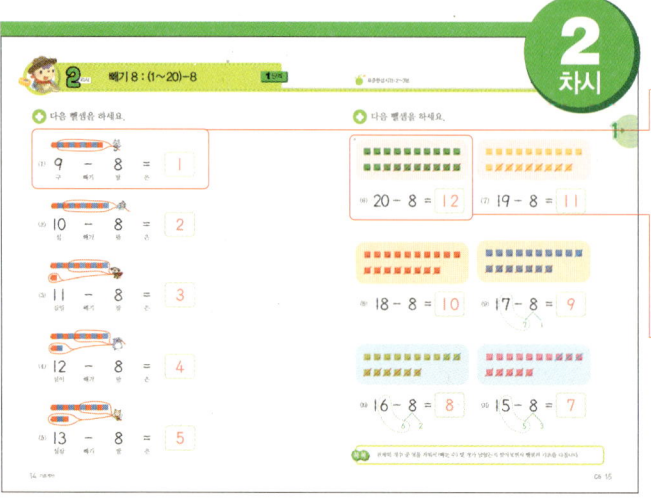

2 차시

14~15쪽

- 동물 친구가 블록 9개 중 8개를 끌어가고 있네. 그럼 몇 개의 블록이 남을까? 1개가 남아. 이것을 뺄셈식으로는 '9-8=1'이라고 쓰고, '9 빼기 8은 1과 같다.' 라고 읽는단다.

- 20 빼기 8을 해 보자. 블록이 모두 20개 있지? 이 중에서 8개를 지운 후 남은 개수를 세어 보면 돼.

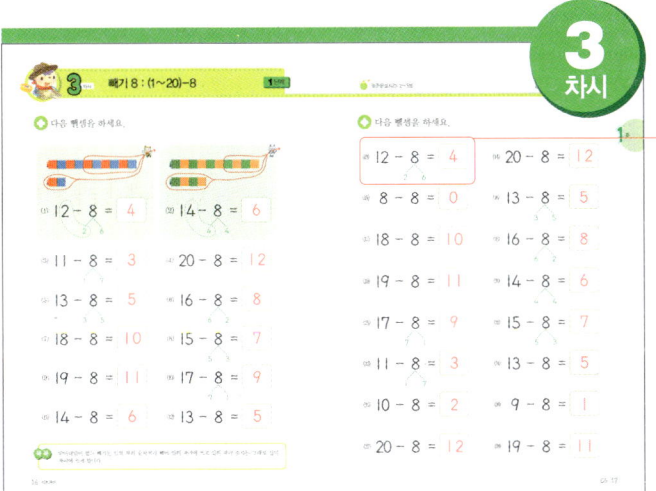

16~17쪽

- 빼기에서 뒤가르기를 할 때는 앞의 수가 10이 되게 가르기하면 된다고 했지? 그럼 12−8을 할 때 8을 어떻게 가르면 좋을까? 12를 10으로 만들어야 하니까 8을 2와 6으로 가르면 되겠구나.
12에서 2을 빼면 10, 10에서 6을 빼면 4, 답은 4가 돼.

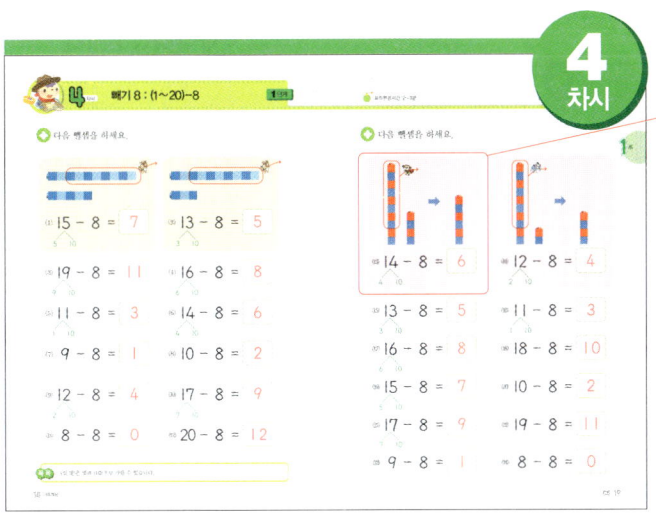

18~19쪽

- 14 빼기 8을 해 보자.

$$14-8=6$$
$$4 \quad 10$$

❶ $10-8=2$

❷ $2+4=6$

20~21쪽

- 어떤 수에서 8을 뺄 때 빼어지는 수가 10만큼 커지면 답도 10만큼 커진다고 했었지? 이제 문제를 좀더 빨리 풀 수 있겠지.

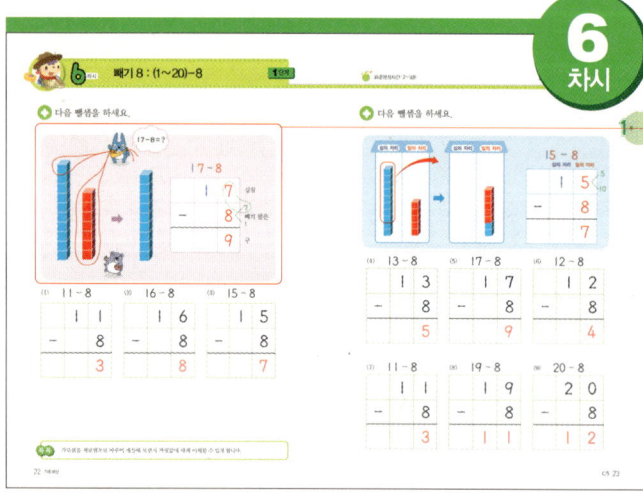

22~23쪽

- 가로셈도 잘 했으니까 세로셈도 잘 할 수 있겠지? 17개의 블록이 있어. 이 중에서 8개를 빼면 몇 개가 남는지 세어 보자.
- 세로셈에서도 앞가르기를 하여 문제를 풀 수 있단다. 앞가르기를 할 때는 빼어지는 수를 어떤 수와 10으로 가르기 하면 돼.

24~25쪽

- 세로셈을 할 때에는 자리를 잘 맞추어서 답을 써야 해. 열심히 계산하고 나서 답을 다른 자리에 잘못 써서 틀리는 일은 없어야겠지?
- 18 빼기 8을 해 보자. 먼저 일의 자리 숫자끼리 빼면 0, 십의 자리 숫자는 빼는 수가 없으니까 그대로 1을 내려 쓰면 돼.

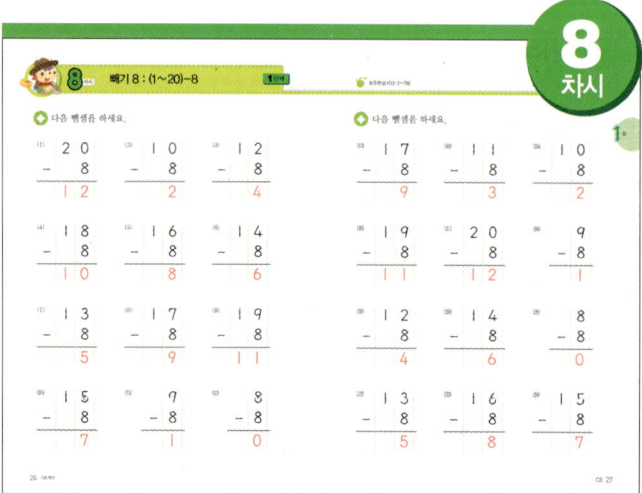

26~27쪽

- 세로셈 문제들이 많이 있구나! 어떤 방법으로 풀어 볼 건지 엄마에게 이야기 해 볼래? 이번에는 네가 제일 쉽게 풀 수 있는 방법으로 풀어 보렴.

28~29쪽

- 빼어지는 수가 1씩 커지니까 그 답도 1씩 커지겠지?

- 이번에는 머릿속으로 8을 빼서 답을 써 보렴. 얼마나 빨리 푸는지 엄마가 시간을 재어 볼게.

30~31쪽

- 수만 보고 머릿속으로 생각해서 답을 써 보자. 처음에는 엄마도 어려웠지만 연습을 많이 하니까 지금은 금방 계산을 할 수 있단다. 우리 ○○도 잘 할 수 있겠지?

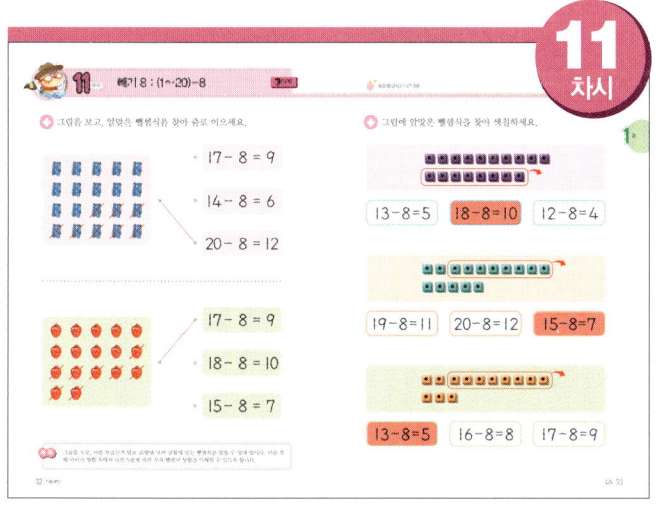

32~33쪽

- 전체 그림의 수는 빼어지는 수, 지운 수나 덜어 내는 수가 빼는 수가 돼. 그리고 남은 수는 그 차가 돼. 그럼 그림에 알맞은 뺄셈식을 찾을 수 있겠지?

34~35쪽

- 나뭇잎이 19장 있구나. 나뭇잎이 11장 남도록 하나씩 지워 보자. 몇 장을 지웠는지 세어 볼까? 이제 □ 안에 어떤 수를 써야 하는지 알겠지?

- 어떤 수에서 똑같은 수를 뺐을 때 가장 큰 답이 나오려면? 그래, 맞아. 빼어지는 수가 가장 큰 뺄셈을 찾으면 되겠지.

체크 포인트

❶ 학습이 끝난 후 그날 배운 내용에 대해 간단한 구두 테스트나 필산으로 아이가 잘 이해하고 있는지 확인해 주세요. 아이가 어려워하거나 잘 이해하지 못하는 부분은 꼭 반복 학습하도록 합니다. 모르는 것이 하나하나 쌓일수록 아이는 점점 수학에 흥미를 잃게 됩니다.

❷ 아이가 암산에 능숙해지기 위해서는 머릿속으로 계산하는 힘을 길러야 합니다. 아이가 점점 식만 보고도 답을 구하도록 연습을 충분히 하게 합니다.

정답 및 지도서 C5

2주 빼기 9 : (1~20)−9

지도 방법

① 빼기 9의 학습에 들어가기 전에 지금까지 학습한 빼기의 개념을 잘 이해하고 있는지 확인해 주세요. 만약 부족한 부분이 있다면 구체물을 가지고 다시 한 번 설명해 주세요.

② 아이가 빼기 8까지의 개념을 잘 이해하고 있다면 빼는 수를 하나 더 늘려 계산하는 것이 빼기 9임을 알게 해 주세요. 지금까지 해 온 계산들과 다르지 않기 때문에 쉽게 개념을 이해할 수 있습니다.

③ 뺄셈을 막힘 없이 하기 위해서는 반복 학습을 하는 것이 좋습니다. 여러 가지 뺄셈을 반복적으로 풀어 봄으로써 빠른 시간 내에 정확한 계산을 할 수 있도록 합니다.

13 차시

40~41쪽

• 10을 두 수로 갈라 보자. 수만 보고는 잘 생각이 나지 않는다면 ◯를 그려서 알아보자. 10개 중에서 엄마가 9개를 먼저 왼쪽에 갈라 놓았어. 이제 남은 개수를 세어 보면 나머지 수를 알 수 있겠지?

14 차시

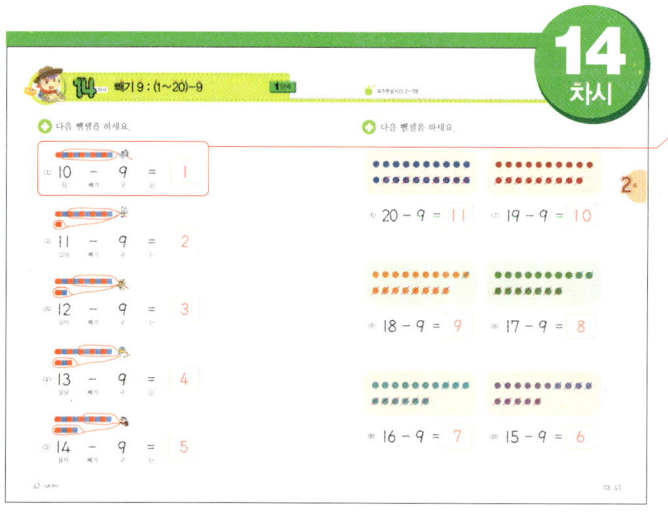

42~43쪽

• 블록이 모두 몇 개 있는지 세어 볼까? 그런데 동물 친구가 9개를 끌어 가고 있구나! 이것을 뺄셈식으로는 '10−9=1'이라고 쓰고 '10 빼기 9는 1과 같다.'라고 읽는단다.

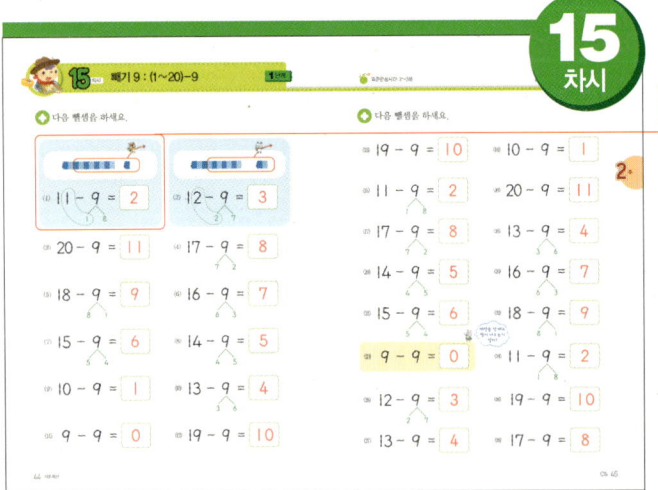

44~45쪽

- 11 빼기 9는 몇인지 수 가르기를 해서 알아볼까? 11을 10으로 만들려면 9를 1과 8로 갈라야 하겠지? 이제 11에서 1을 빼서 10을 만들고, 10에서 8을 빼면 답은 2가 돼.

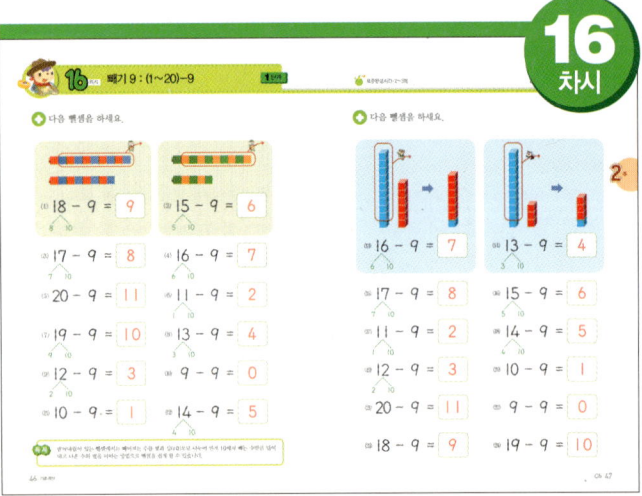

46~47쪽

- 이번에는 앞가르기를 해서 문제를 풀어 보려고 해. 먼저 앞에 있는 수를 10과 몇으로 가른 다음에 10에서 9를 뺀 후 그 차에 몇을 더해 주면 답을 구할 수 있어.

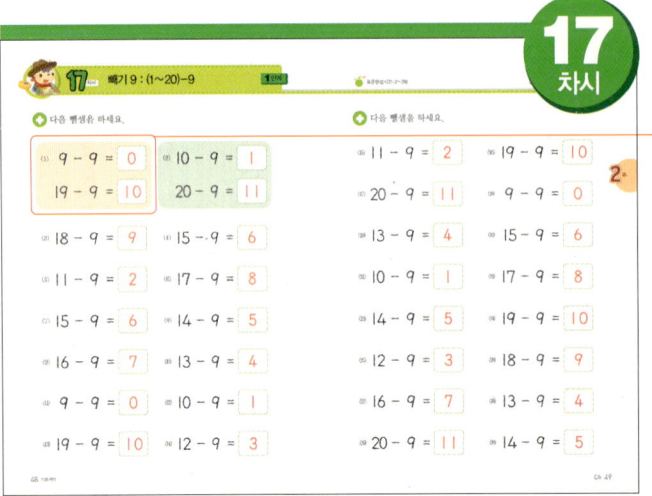

48~49쪽

- 9 빼기 9는 무엇일까? 똑같은 수끼리 빼니까 0이야. 이번에는 19 빼기 9를 해 볼까? 일의 자리 숫자끼리 빼면 0, 십의 자리 숫자는 그대로 내려 써서 10이야. 그런데 한 가지 재미있는 점이 있어. 빼어지는 수가 10 커지니까 빼서 나오는 수도 10 커진다는 거야.

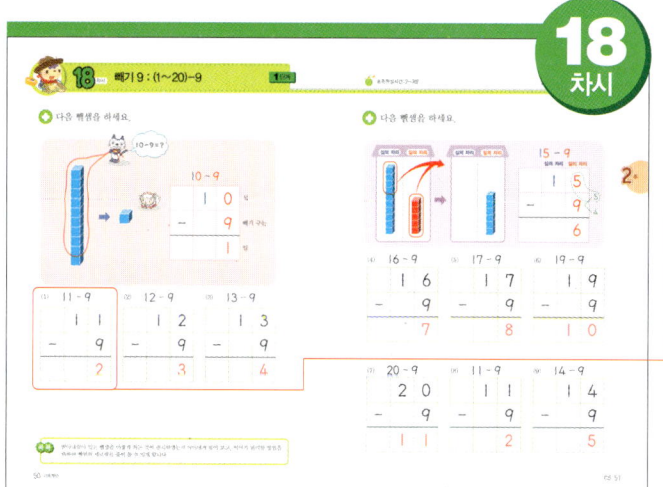

50~51쪽

- 세로셈을 할 때에도 뒤가르기를 이용하면 문제를 쉽게 풀 수 있어.
- 11 빼기 9를 해 볼까? 11−9에서 9를 1과 8로 갈라 11에서 1을 빼면 10이 되고, 10에서 가르고 남은 8을 빼면 답은 2가 되겠지.

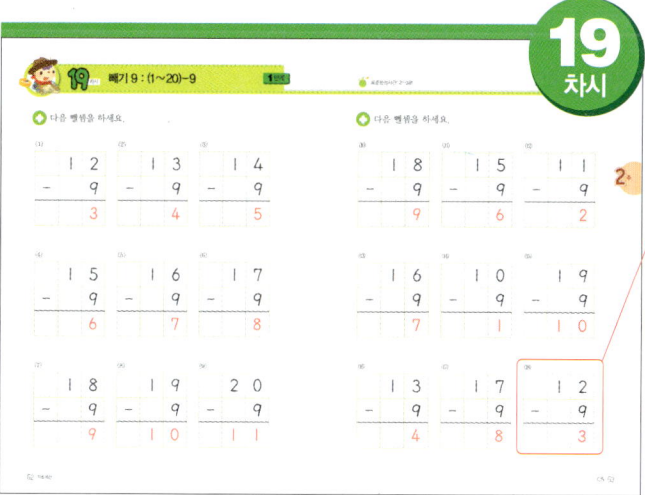
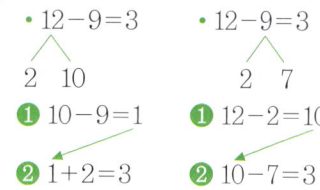

52~53쪽

- 12 빼기 9를 두 가지 방법으로 풀어 보자.

- $12-9=3$
  - 2 10
  - ❶ $10-9=1$
  - ❷ $1+2=3$

- $12-9=3$
  - 2 7
  - ❶ $12-2=10$
  - ❷ $10-7=3$

54~55쪽

- 뺄셈식만 보고 계산할 수 있겠니? 쉬운 문제부터 먼저 풀고 나서 어려운 문제를 풀어 보렴. 그러면 더 빠른 시간 안에 더 많은 문제를 풀 수 있단다.

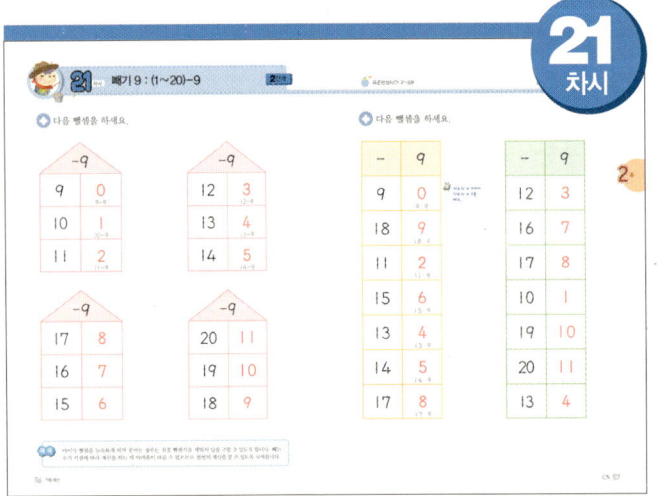

21차시

56~57쪽

- 세로의 수에서 각각 9를 빼 보자. 잘 모르겠으면 빈칸에 식을 세워 본 다음에 문제를 풀어 보렴.
- 빼어지는 수와 빼는 수가 몇인지 잘 보고 풀어야 해. 실수로 수를 잘못 보아서 틀리는 경우가 있을 수도 있단다.

22차시

58~59쪽

- 가로의 수에서 똑같이 9를 빼는 문제란다. 빼어지는 수들이 1씩 작아지고 있어. 빼어지는 수가 1씩 작아지니까 답도 1씩 작아지겠지.
- 이번에는 머릿속으로만 계산해서 답을 적어 보자. 잘 생각나지 않으면 머릿속에서 엄마가 불러 주는 수만큼 ○을 그려 본 다음 9개를 지워 보렴.

23차시

60~61쪽

- 전체의 수에서 덜어 내거나 지운 수가 빼는 수가 된단다. 남아 있는 수가 그 뺄셈의 답이 돼.

62~63쪽

• 어떤 수에서 똑같은 수를 뺐을 때 가장 큰 수가 나오려면 빼어지는 수가 가장 커야 해. 잊지 않았지? 그럼 답을 찾아 예쁘게 색칠해 보자.

체크 포인트

① 학습이 끝난 후에 간단한 테스트를 해 보고 부족한 부분은 반복 학습을 해 주세요.

② 빼는 수가 점점 커져서 아이가 힘들어 한다면, 아이가 좀 더 쉽게 계산할 수 있는 방법으로 답을 구할 수 있도록 해 주세요. 무리하게 학습을 시키게 되면 아이는 수학에 흥미를 잃어버리게 됩니다.

③ 아이가 계산의 기초를 잘 다져 나갈 수 있도록 실생활에서 뺄셈의 상황을 만들어 이야기하는 시간을 가져 보세요. 또 아이가 직접 뺄셈식을 만들어서 설명해 볼 수 있도록 해 주세요.

정답 및 지도서 C5

3주 빼기 10 : (1~20)−10

지도 방법

1. (1~20)−10의 학습에 들어가기 전에 지금까지 배운 빼기의 개념을 잘 이해하고 있는지 확인해 주세요.

2. 지금까지 배웠던 빼기 9까지의 뺄셈보다 빼기 10은 오히려 계산하기가 쉬울 수 있습니다. 아이가 쉽게 문제를 해결한다면 수만 보고 암산으로 풀 수 있도록 지도해 주세요.

3. 빼기 10은 전체를 묶음 수와 낱개 수로 나누어 묶음 수 10을 빼는 방법으로도 계산할 수 있습니다. 아이의 능력에 따라서 그동안 배워 왔던 방법들과 함께 이 방법도 사용하여 계산할 수 있도록 지도해 주세요.

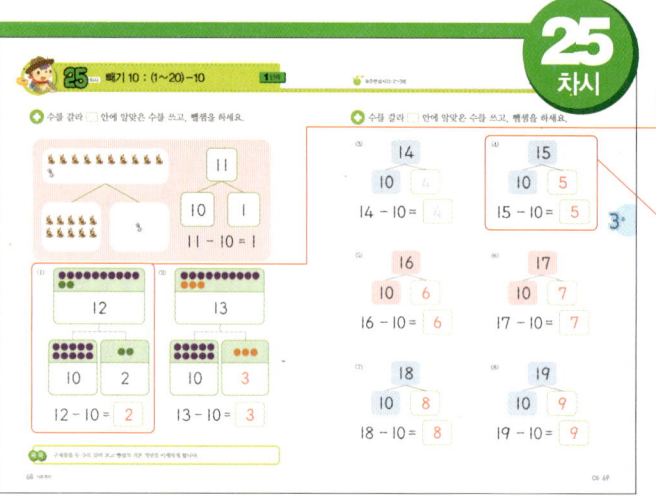

68~69쪽

- 12를 10과 어떤 수로 가르기 해 보자. 도트 12개 중에서 10개를 먼저 왼쪽에 갈라 놓으면 오른쪽에는 2개가 남겠지?

- 15는 10과 어떤 수로 가르기 할 수 있을까? 10과 5로 가르기 할 수 있지. 이것을 뺄셈식으로는 15−10=5라고 나타낸단다.

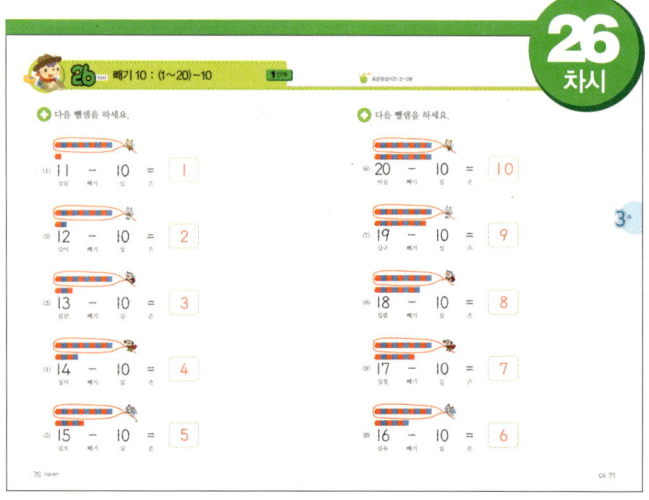

70~71쪽

- 동물 친구가 전체 블록 중에서 10개의 블록을 끌고 가고 있구나. 남은 개수를 세어 볼까? 몇 개가 남았는지 □ 안에 수를 쓰고, 큰 소리로 뺄셈식을 읽어 보자.

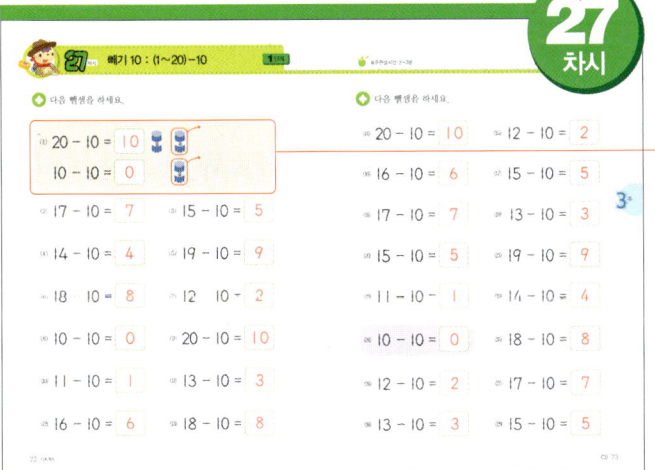

- 10개의 묶음 수수깡 2묶음 중 한 묶음을 가져가면 한 묶음이 남아. 20−10=10이라고 쓸 수 있겠지? 그러면 10−10은 무엇일까? 똑같은 수를 빼니까 아무것도 없는 0이라고 쓰면 되셨시.

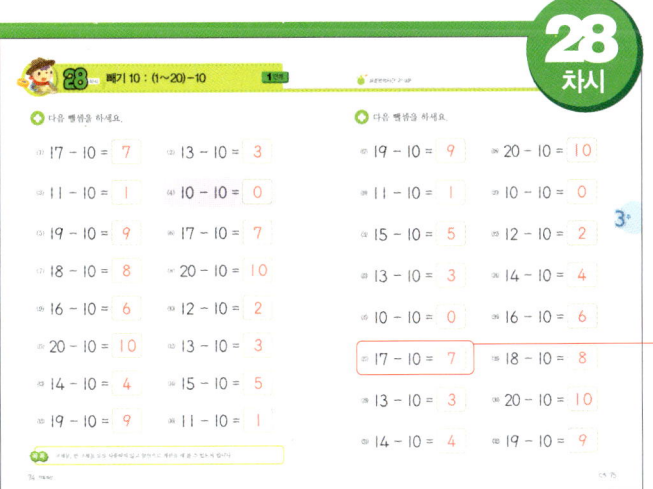

- 17 빼기 10을 ◯를 그려서 알아보자. 17은 10개씩 1묶음과 낱개 7개로 나타낼 수 있어. 여기에서 10개를 가져가면 남은 ◯는 7개니까 답은 7이 되겠지.

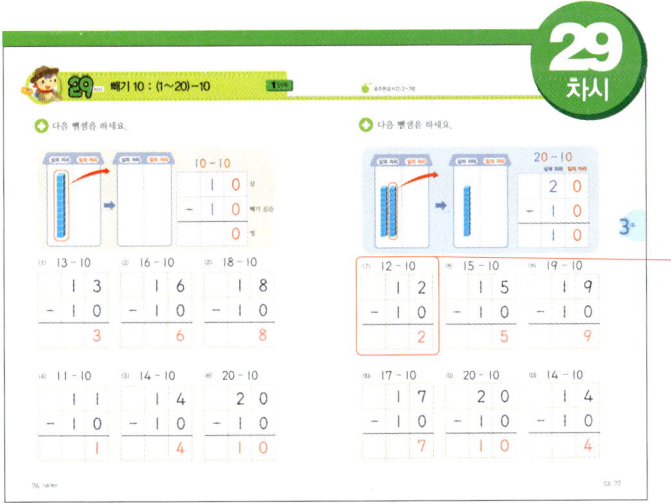

- 어떤 수에서 10을 뺄 때에는 십의 자리에도 수가 있기 때문에 자릿수를 잘 보고 계산해야 한단다.

- 12 빼기 10을 해 보자. 먼저 일의 자리 숫자끼리 빼면 2이고, 십의 자리 숫자끼리 빼면 1−1=0 이니까 일의 자리에만 2를 쓰면 돼.

78~79쪽

- 18 빼기 10을 계산해 보자. 먼저 일의 자리 숫자끼리 계산하면 8−0=8이니까 일의 자리에 8을 써. 십의 자리 숫자끼리 빼면 1−1=0이야. 그러나 답을 쓸 때는 08이라고 쓰지 않고 8이라고 써야 해.

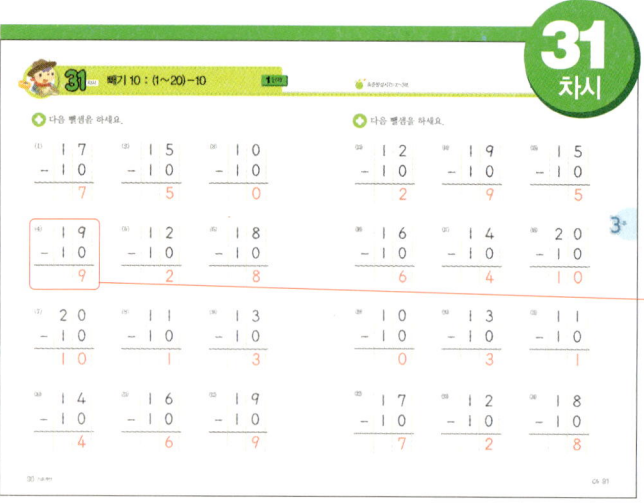

80~81쪽

- 문제를 반복해서 풀어 보니까 점점 더 빠르게 풀 수 있지? 이렇게 연습을 꾸준히 하다 보면 수만 보고도 금방 답을 알 수 있게 된단다.
- 19 빼기 10을 해 볼까? 19를 10과 9로 가르기 한 다음에 10을 빼 주면 9만 남겠지?

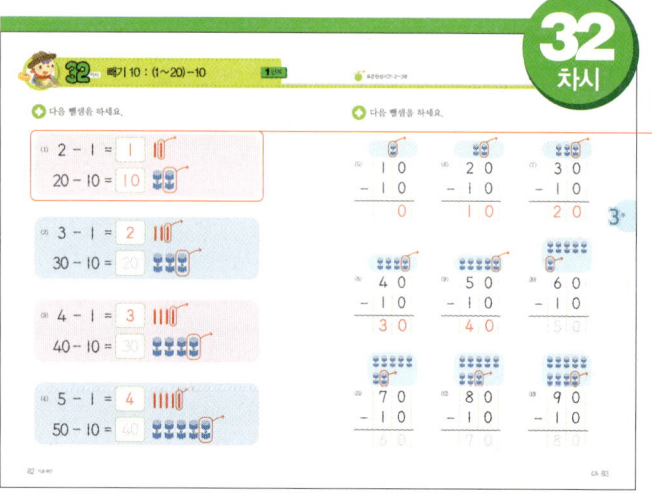

82~83쪽

- 낱개 수수깡이 2개 있는데 1개를 가져가면 1개가 남아. 또, 10개씩 묶여진 수수깡이 2묶음 있는데 이 중에서 한 묶음을 가져가면 한 묶음만 남아. 이렇게 생각하니까 쉽게 답을 구할 수 있지?

- 빼어지는 수가 1씩 커지거나 1씩 작아지면 답도 1씩 커지거나 작아진다는 것을 기억하면서 풀어 보렴.

- 이번에는 엄마가 수를 불러 주면 머릿속으로 그 수에서 10을 빼서 답을 써 보도록 하자. 얼마나 답을 빨리 쓸 수 있는지 볼까?

86~87쪽

- 이번에는 가로에 있는 수에서 10을 빼서 답을 써야 한단다. 답을 다른 칸에 적어서 틀리는 일이 없도록 주의하렴.

- 우리 ○○가 얼마나 빨리 풀 수 있는지 엄마가 시간을 재어 볼게. 준비됐니? 시작!

88~89쪽

- 16개 중에서 몇 개를 덜어 내야 6개가 남을까? 우리 하나씩 덜어 내면서 알아보자. 10개를 덜어 내니까 6개가 남았네.

- 빼는 수가 똑같이 10이니까 빼어지는 수가 얼마인지 세어 보면 어떤 뺄셈식인지 찾을 수 있단다.

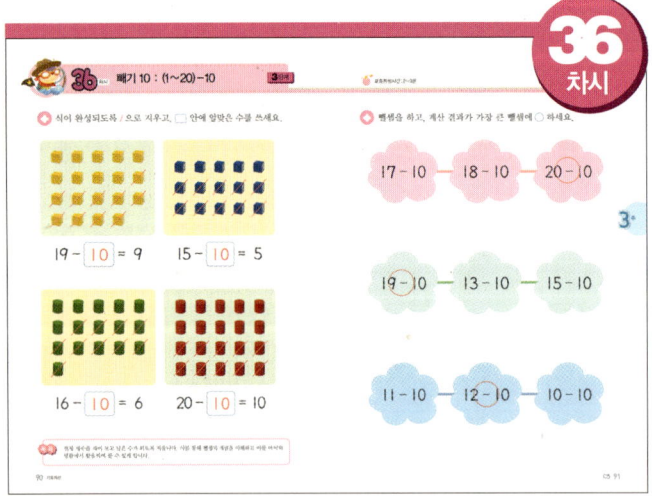

90~91쪽

• 전체 중에서 몇 개를 지우면 답이 되는 수가 나올지 하나씩 지우면서 알아보자.

• 빼는 수가 모두 10이니까 빼어지는 수가 클수록 빼서 나오는 수도 커지게 된단다.

체크 포인트

❶ 학습이 끝난 후에 아이가 잘 이해하고 있는지, 충분히 연습이 되었는지 간단한 테스트를 해 주세요. 부족한 부분은 꼭 반복 학습을 하도록 합니다.

❷ 아이가 반복된 학습으로 지루해 하더라도 칭찬과 격려를 해 주면서 자신감을 북돋아 주어 끝까지 풀 수 있도록 이끌어 주세요.

❸ 빼기 10에 대한 학습을 하면서 빼기 1~9의 계산도 아이가 능숙해질 때까지 꾸준히 복습하도록 합니다.

4주 빼기 7, 8, 9, 10의 종합

지도 방법

① 빼기 7, 8, 9, 10의 종합을 하기 전에 지금까지 학습한 빼기 연습을 충분히 시켜 주세요.

② 아이가 지금까지 배운 빼기의 개념을 충분히 이해하고 있다면 간단한 테스트로 어떤 방법을 사용하여 계산하고 있는지 또 계산 속도는 얼마나 되는지 점검하는 시간을 가져 보세요.

③ 아이가 능숙하게 뺄셈을 해 낸다면 기본 계산을 뛰어 넘어 다양한 응용 문제를 접하게 하여 계산 실력을 한 단계 더 높이는 동시에 폭넓게 사고할 수 있는 힘을 길러 주세요.

④ 지금까지 배운 내용을 총정리해 봄으로써 다양한 방법으로 연습할 수 있도록 해 주세요.

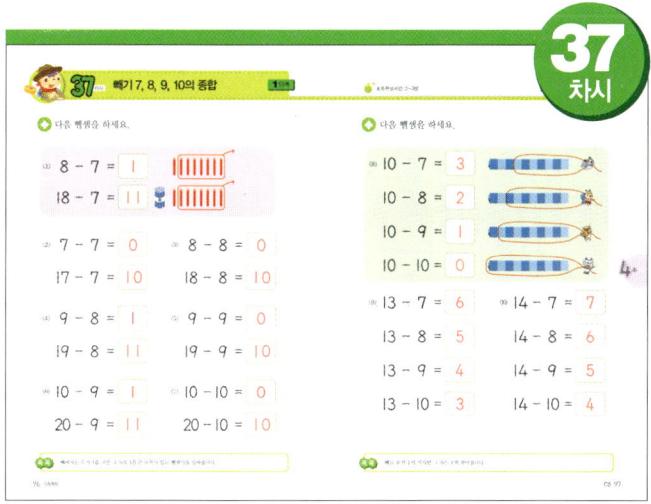

37차시

96~97쪽

• 어떤 수에서 똑같은 수를 뺄 때 빼어지는 수가 10 커지면 빼서 나오는 수도 10 커진다고 했었지?

• 빼는 수가 7, 8, 9, 10과 같이 1씩 커지면 답은 1씩 작아진다는 것을 잊지 않았겠지?

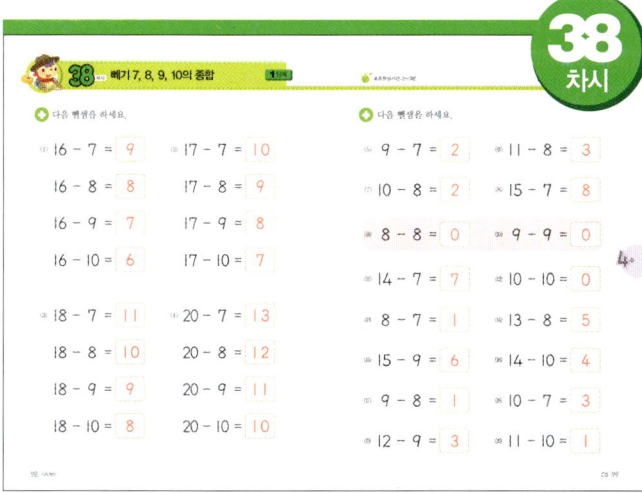

38차시

98~99쪽

• 빼어지는 수는 똑같은데 빼는 수가 1씩 커지고 있네. 빼는 수가 1씩 커지면 그 차는 1씩 작아진단다.

• 빼기를 해 볼까? 전에 연습했던 것들이 잘 생각나지 않으면 전체 수만큼 ○를 그리고 빼는 수만큼 지우면서 답을 구해 보렴.

정답 및 지도서 C5

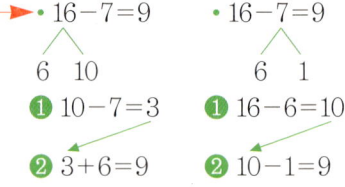

39차시

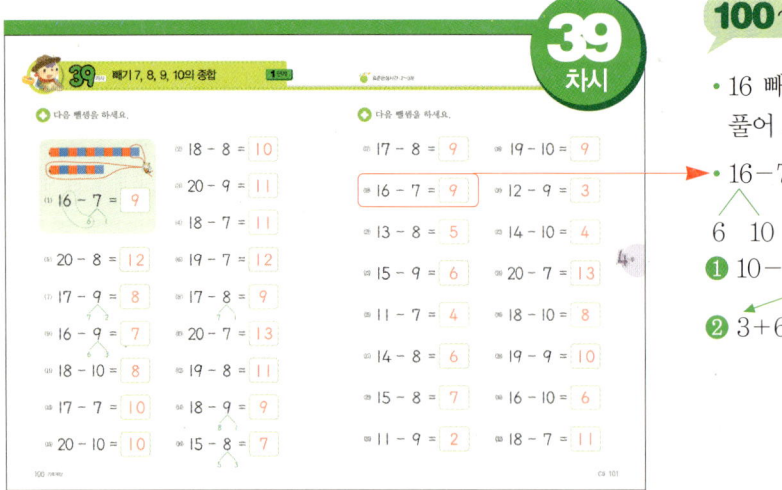

100~101쪽

- 16 빼기 7을 두 가지 방법으로 풀어 보자.

- $16-7=9$
  6 10
  ❶ $10-7=3$
  ❷ $3+6=9$

- $16-7=9$
  6 1
  ❶ $16-6=10$
  ❷ $10-1=9$

40차시

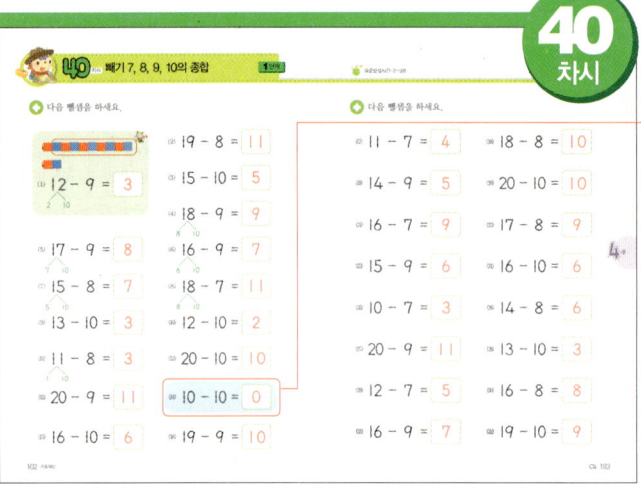

102~103쪽

- 어떤 수에서 어떤 수 자신을 빼면 답은 0이야. 과자 10개 중 10개를 먹으면 아무것도 남지 않는 것처럼 말야.

- 그럼 7-7, 8-8, 9-9의 답도 쉽게 알 수 있겠지?

41차시

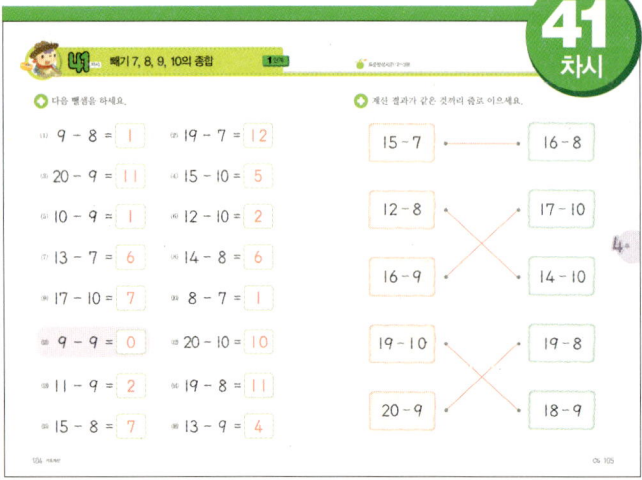

104~105쪽

- 계속 비슷한 문제들만 푸니까 조금은 지루하지? 하지만 이렇게 열심히 연습하면 수만 보고도 답을 금방 쓸 수 있게 된단다. 조금 더 힘내서 풀어 보자.

- 뺄셈을 해서 답이 같은 것끼리 이어 보는 문제구나. 먼저 뺄셈 밑에 답을 모두 써 놓은 다음, 같은 답을 찾아서 줄로 잇도록 하자.

106~107쪽

- 이번에는 세로셈으로 연습해 보자. 그런데 빼는 수가 한 자리 수도 있고, 두 자리 수도 있어. 답을 쓸 때 특히 주의하렴.
- 18 빼기 7을 해 볼까? 일의 자리 숫자끼리 빼면 1이 나오지. 십의 자리는 빼는 수가 없으니까 그대로 1을 내려 쓰면 돼.

108~109쪽

- 14 빼기 9를 앞가르기를 해서 풀어 보자.

$$14-9=5$$

10　4

❶ 14를 4와 10으로 가르는 거야.

❷ $10-9=1$

❸ $1+4=5$

110~111쪽

- 조금 더 힘내서 풀어 보자. 우리 ○○가 열심히 빼기 공부를 하는 모습을 보니까 엄마는 기분이 너무 좋은 걸. 네가 자랑스럽단다.

112~113쪽

- 세로의 수에서 7을 빼는 문제구나. 수만 보고 답을 쓰기 어려우면 가로셈이나 세로셈으로 고쳐서 풀어 보아도 된단다.

114~115쪽

- 가로의 수에서 세로의 수를 빼는 문제야. 수만 보고 머릿속으로 생각해서 답을 써 보자. 이렇게 자꾸 연습하면 훨씬 빨리 풀 수 있단다.
- 어떤 수에서 10을 빼니 십의 자리 숫자가 1 작아지네.

116~117쪽

- 그림을 보고 뺄셈식을 만들어 보자. 각각의 개수를 세어 보면 어떤 수를 써야 하는지 알 수 있겠지?
- 먼저 전체의 개수를 세어 본 다음, 지운 그림의 개수가 몇 개인지 세어 보면 어떤 뺄셈인지 찾을 수 있어.

• 빼는 수가 같을 때에는 빼어지는 수가 가장 큰 것을 답으로 찾으면 되지만, 빼는 수가 다를 때에는 모두 계산을 해 본 후에 가장 큰 뺄셈을 찾아야 한단다.

체크 포인트

① 빼기 학습을 총정리를 하면서 아이가 틀렸던 문제는 연습장에 옮겨 적어 다시 풀어 봄으로써 반복 학습을 하도록 합니다.

② 지금까지 학습한 빼기 중에서 부족한 부분이 없는지 꼭 짚어 봄으로써 아이가 모르고 지나가는 부분이 없도록 합니다.

③ 시간을 정해 놓고 문제를 풀어 본 후에 함께 채점하면서 틀린 문제에 대해 이야기 해 보고 맞은 문제에 대한 칭찬을 해 주어 아이가 자신감을 갖고 문제를 풀 수 있도록 해 주세요.

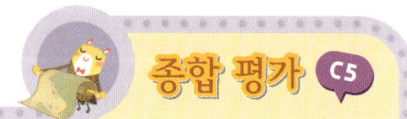

종합 평가 **C5**

120~122쪽

충분한 연습을 했으므로 구체물을 이용하지 않고 바로 답을 할 수 있도록 합니다. 어려워 할 경우 차근 차근 풀게 하거나 다시 앞의 과정을 연습하도록 합니다.

종합 평가 C

다음 뺄셈을 하세요.

① 19 - 7 = 12	② 12 - 8 = 4	㉑ 11 - 8 = 3
③ 20 - 10 = 10	④ 11 - 9 = 2	㉒ 14 - 10 = 4
⑤ 15 - 7 = 8	⑥ 16 - 8 = 8	㉓ 18 - 7 = 11
⑦ 12 - 9 = 3	⑧ 20 - 8 = 12	㉔ 16 - 8 = 8
⑨ 11 - 10 = 1	⑩ 13 - 9 = 4	㉕ 8 - 7 = 1
⑪ 14 - 8 = 6	⑫ 15 - 8 = 7	㉖ 19 - 9 = 10
⑬ 7 - 7 = 0	⑭ 12 - 10 = 2	㉗ 15 - 9 = 6
⑮ 10 - 10 = 0	⑯ 9 - 8 = 1	㉘ 17 - 9 = 8
		㉙ 18 - 10 = 8

㉚ 14 - 9 = 5
㉛ 14 - 7 = 7
㉜ 17 - 10 = 7
㉝ 13 - 7 = 6
㉞ 17 - 8 = 9
㉟ 10 - 7 = 3
㊱ 16 - 9 = 7
㊲ 20 - 7 = 13
㊳ 9 - 7 = 2

종합 평가 C

㊴ 12 - 9 = 3	9 - 8 = 1	㊵ 19 - 10 = 9
㊶ 8 - 8 = 0	17 - 7 = 10	11 - 7 = 4
㊷ 20 - 9 = 11	15 - 10 = 5	16 - 8 = 8
㊸ 19 - 7 = 12	18 - 8 = 10	13 - 9 = 4